ŒUVRES

POSTHUMES

DE VAUVENARGUES.

PARIS. — IMPRIMERIE DE CASIMIR,
RUE DE LA VIEILLE-MONNAIE, N° 12.

OEUVRES

POSTHUMES

DE VAUVENARGUES

PRÉCÉDÉES DE SON ÉLOGE,

PAR M. CH. DE SAINT-MAURICE,

ET ACCOMPAGNÉES

DE NOTES ET DE LETTRES INÉDITES DE VOLTAIRE.

Propriété de l'Éditeur.

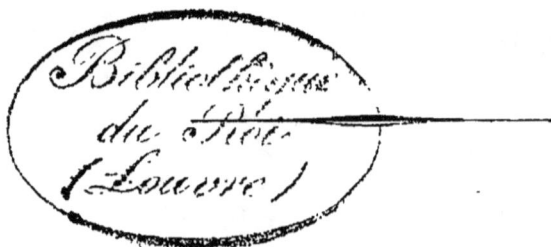

PARIS,

J. L. J. BRIÈRE, LIBRAIRE, RUE S.-ANDRÉ-DES-ARTS, N° 68 ;

BRISSOT-THIVARS ET Cᵢₑ, LIBRAIRES,

RUE DE L'ABBAYE Sᵗ-GERMAIN-DES-PRÉS, N° 14.

1827.

AVERTISSEMENT

DU LIBRAIRE-ÉDITEUR.

La découverte d'OEuvres posthumes de Vauvenargues et la publication d'un grand nombre de ses écrits restés inédits, est un événement important dans notre histoire littéraire.

Philosophe dans les camps et dans le cabinet, homme de peu de livres et de beaucoup d'idées, aimant à méditer et à écrire, Luc Clapiers, marquis de Vauvenargues, mort en 1747, à peine âgé de trente-deux ans, passa les cinq dernières années de sa vie dans les souffrances et la méditation. Il songeait sans doute à laisser quelque trace de son rapide passage sur la terre; et le rêve si doux de l'immortalité soutenait son courage dans de longues douleurs, dont il ne voyait le terme se rapprocher qu'avec celui de ses jours.

Ce qui semblerait prouver que cette grande pensée l'occupait tout entier lorsqu'il se sentait défaillir, ce sont les divers manuscrits qui existent de ses ouvrages, plusieurs fois recopiés par lui avec de nombreuses variantes, ou refondus presque en entier.

Plusieurs mois seulement avant sa mort, le jeune Vauvenargues fit paraître son *Introduction à la*

SUPPL.   *a*

*connaissance de l'Esprit humain, suivie de Ré-
flexions et de Maximes* (1); c'étaient quelques ma-
tériaux choisis d'un grand ouvrage qu'il se propo-
sait de publier, s'il pouvait vivre assez pour l'achever; mais, comme Pascal, à qui Voltaire l'a si
justement comparé, Vauvenargues a laissé son travail imparfait.

L'année même de sa mort, l'abbé Trublet et l'abbé
Séguy donnèrent une seconde édition de l'*Introduction à la connaissance de l'Esprit humain* (2).
Vauvenargues l'avait préparée, et elle parut avec
une préface, dans laquelle il annonce qu'il a retou-
ché le style en beaucoup d'endroits; qu'il a déve-
loppé et étendu plusieurs chapitres, entre autres
celui *du Génie;* qu'il a fait des corrections et des
additions aux *Réflexions critiques sur les poètes;*
des changemens encore plus considérables dans les
Maximes; qu'il a *supprimé plus de deux cents
pensées, ou trop obscures, ou trop communes, ou
inutiles,* et qu'il en a *ajouté d'autres.*

Les manuscrits qu'il avait laissés, et qui, des
mains de son père, passèrent, du moins en partie,
dans celles de M. Fauris de Saint-Vincent, servi-
rent à augmenter, sans la rendre complète, la troisième édition des Œuvres de Vauvenargues, publiée par M. de Fortia, en 1797 (3).

(1) Paris, *Antoine-Claude Briasson,* 1746, in-12.
(2) Paris, *Antoine-Claude Briasson,* 1747, in-12.
(3) Paris, *Delance,* 2 vol. in-12.

Mais ce savant n'eut pas communication de tous les manuscrits existans ; et M. Suard, en ayant connu d'autres, donna, en 1806, une quatrième édition, considérablement augmentée (1), des OEuvres de Vauvenargues, avec une Notice sur sa vie et sur ses écrits, et avec des notes de M. l'abbé Morellet et de Voltaire.

Cette quatrième édition a servi de base à une cinquième, qui fait partie de la *Collection des Prosateurs Français* (2).

Dans notre édition, qui doit être regardée comme la sixième, on remarquera dix-huit *Dialogues*, dont trois seulement se trouvent recueillis dans le *Glaneur* de M. Jay ; plus de cent *Pensées diverses* inédites ; environ trois cents *Paradoxes*, *Réflexions et Maximes*, et un grand nombre de *Caractères* pareillement inédits ou refondus, avec des variantes remarquables ; un *Eloge de Louis XV* ; des *Réflexions sur Montaigne ;* d'autres *sur Newton ;* d'autres *sur Fontenelle ;* d'autres enfin *sur la poésie et l'éloquence.*

Ainsi, c'est près d'un siècle après la mort de Vauvenargues, qu'on pourra enfin jouir de tout ce qu'il avait écrit, et que le public possédera véritablement la collection complète des œuvres d'un auteur qui s'est honorablement placé comme penseur

(1) Paris, *Dentu*, 2 vol. in-8°.

(2) Les *OEuvres de Vauvenargues* réunies avec celles de *La Bruyère* et de *La Rochefoucauld*, 1818, 1 vol. in-8°.

et comme moraliste, entre Pascal et La Bruyère, au-dessus de la Rochefoucauld et de Duclos.

Pour rendre cette édition entièrement digne de l'accueil favorable qu'elle a reçu du public, nous voulions l'orner d'un beau portrait de l'auteur ; nous allons faire connaître l'impossibilité dans laquelle nous nous sommes trouvé d'exécuter ce projet. Voici l'extrait d'une lettre écrite à ce sujet par M. Roux-Alpheran, greffier en chef de la cour royale d'Aix :

« Je puis vous assurer, Monsieur, que le marquis de Vauvenargues n'a jamais été peint. Dès mes plus jeunes ans j'ai fréquenté la maison de Clapiers, et je sais, à n'en pas douter, qu'il n'y a jamais existé de portrait du philosophe. Monsieur son frère cadet, mort en 1801, s'était fait peindre, et son portrait a passé, après la mort de madame de Clapiers sa nièce, entre les mains de M. le comte de Galliffet, lieutenant-général des armées du Roi, à qui j'ai cru devoir montrer votre lettre. M. de Galliffet estime que quelque ressemblance qu'il pût y avoir entre les deux frères, dont la figure portait également le caractère de la noblesse et de la douceur ; ce serait une fraude blâmable que de donner le portrait de l'un pour celui de l'autre, quoique aucun contemporain ne puisse plus démentir la publication qui en serait faite. Vous serez sans doute, Monsieur, de son avis que je partage entièrement. Il est d'ailleurs trop connu à Aix, m'a dit M. de Galliffet; que M. de Vauvenargues l'aîné ne s'était jamais laissé peindre. »

Tels sont les renseignemens que nous transmet M. Roux-Alpheran, intime ami d'un jeune frère de Vauvenargues qui a péri misérablement en 1801.

L'édition que nous donnons aujourd'hui, a été revue et collationnée avec le plus grand soin sur les manuscrits autographes, qui, en 1801, furent donnés par madame de Clapiers, nièce de Vauvenargues, à M. Roux-Alpheran. Une indiscrétion de M. de Castellet, ami de M. Roux-Alpheran, l'empêchait de publier la partie inédite des œuvres du philosophe d'Aix; lorsqu'en 1813, il prit de nouveau l'engagement de restituer aux lettres le dépôt de l'amitié. Plusieurs journaux de cette époque, notamment le *Moniteur* et le *Magasin encyclopédique,* l'invitèrent fortement à exécuter ce projet ; ses nombreuses occupations l'en empêchèrent; mais la cession désintéressée qu'il en fit à M. Belin en 1819, a mis ce dernier à même de faire jouir le public et la littérature, d'un ouvrage resté inédit pendant plus de soixante-douze ans après la mort de son auteur.

Dans notre réimpression, nous avons suivi l'ordre adopté par le premier éditeur; mais, dans la précipitation d'un premier travail, il s'était glissé quelques fautes que nous avons dû relever, et l'étude des manuscrits nous a mis à même de donner tout ce que Vauvenargues avait laissé.

Nous aimons à croire que l'on nous saura quelque gré d'avoir enrichi cette édition de l'Éloge de Vauvenargues, par M. Charles de Saint-Maurice, couronné dernièrement à Aix.

La correspondance de Voltaire avec le jeune Vauvenargues ne paraîtra pas non plus sans intérêt, dans un moment où l'on recueille avec le plus louable empressement les précieux écrits du patriarche de Ferney. Cette correspondance offre d'autant plus d'attrait, que l'on y voit chaque lettre rapprochée de sa réponse.

Nous espérons nous être ainsi acquitté de notre devoir d'éditeur, puisque nous allons au-delà de ce que nous promettions dans le prospectus où nous n'avions fait aucune mention de ces deux améliorations.

J. L. J. Brière.

ÉLOGE

DE VAUVENARGUES.

Par quel prodige avais-tu, à l'âge
de vingt-cinq ans, la vraie philosophie et la vraie éloquence!

VOLTAIRE. *Éloge des officiers
morts dans la guerre de 1741.*

ÉLOGE

DE VAUVENARGUES.

———

Un jeune homme, jeté d'abord au milieu des camps et des hasards de la guerre, où l'appellent et sa naissance et le vœu de sa famille, contraint bientôt de quitter une carrière où les fatigues ont épuisé ses forces sans abattre son courage, se réfugie au sein de la retraite et du silence, et demande à l'étude la consolation d'une existence douloureuse : en proie à tous les maux, à toutes les souffrances, il féconde sa pensée par de sublimes méditations ; à l'aspect du trépas qui s'avance avec les tourmens d'une longue agonie, il trace à la hâte les inspirations de son cœur ; il veut léguer au bonheur de la postérité le fruit de ses veilles, et tombe au milieu de ses travaux inachevés. Inconnu pendant sa vie, la même obscurité couvre son cercueil. Tout à coup une voix imposante, une voix dont la France et l'Europe respectent les décrets, s'élève (1) : interprète de la reconnaissance nationale envers les défenseurs de la patrie, elle appelle les regrets et les larmes de la France sur la tombe d'un d'entre eux, qui la servit de son épée et l'illustra par son génie ; elle lui révèle un grand homme qu'elle ignore, et la France, avertie par ce double appel de l'amitié et de la douleur, place avec orgueil Vauvenargues à côté des Montaigne, des La Rochefoucauld et des La Bruyère.

Ainsi donc, la gloire n'a pas éclairé les derniers momens de son existence ! Mais Voltaire a vengé son ami. C'était assez peut-être pour l'éclat de son nom ; cependant la reconnaissance nationale lui devait un plus solennel hommage, et aujourd'hui une société littéraire, acquittant le tribut de la patrie, demande son éloge à l'Éloquence. Il fut votre compatriote, Messieurs, il naquit dans votre heureuse province, sous ce beau ciel toujours favorable aux talens. Sa gloire, répandue dans le monde, a cessé de vous être propre, mais elle n'a pas cessé de vous être chère. L'hommage que vous lui rendez maintenant ajoute à cette gloire et à la vôtre.

L'intérêt qui s'attache à la vie et aux ouvrages

_____

(1) VOLTAIRE, *Éloge des officiers morts dans la guerre de* 1741.

d'un grand écrivain ou d'un philosophe illustre, se répand sur l'âge qui les a vus naître, et c'est au milieu de leurs contemporains que l'œil de la postérité les cherche et les contemple. Il semble qu'avant de connaître ce qu'ils ont fait pour leur siècle, elle veuille savoir ce qu'il avait fait pour eux. Portons donc nos regards sur l'état de la France, à l'époque de la naissance de Vauvenargues.

Louis XIV, après avoir long-temps survécu à sa gloire, était descendu dans la tombe, et le plus beau siècle de la France y était descendu avec lui. Un trop long règne avait lassé l'admiration de ses ennemis et l'enthousiasme de son peuple, de grands revers avaient succédé à de grands triomphes, et la Fortune, terrible dans ses retours, avait épuisé toutes ses disgrâces sur la vieillesse d'un roi toujours supérieur à l'adversité : elle semblait même vouloir faire expier à sa cendre la splendeur et l'éclat qui l'avaient long-temps environné sur le trône. Mais tandis que le char funèbre qui portait la dépouille mortelle du Grand Roi roulait au milieu des malédictions et des insultes d'un peuple aveugle dans son ressentiment, le deuil des lettres et des arts consolait et vengeait l'ombre royale des outrages prodigués à sa mémoire.

La mort de Louis XIV fut le signal d'une révolution générale dans la littérature. Les grands hommes du grand siècle l'avaient élevée à un degré de perfection, modèle et désespoir des âges suivans ; mais le spectacle de leurs chefs-d'œuvre avait répandu partout une généreuse émulation et des principes de goût qui promettaient à la France de nouvelles richesses. L'impulsion donnée du haut du trône à tous les talens par la main puissante de Louis, l'appel à toutes les connaissances proclamé par la voix d'un Monarque éclairé, avaient jeté dans tous les rangs de la société le besoin de la gloire. La nation toute entière avait paru s'élever à la grandeur que lui promettait son souverain : mais, devant les nuages qui avaient obscurci les dernières années de son règne, s'était évanoui le bonheur. Les nombreuses vicissitudes de la fortune réveillent les esprits de cette insouciance de l'avenir qui est l'effet d'une longue prospérité, et les conduisent par la crainte à la réflexion : alors commence le règne d'une raison sévère ; de l'habitude de réfléchir naît bientôt celle de tout soumettre aux règles du raisonnement et aux calculs de l'analyse. C'est l'époque des ouvrages pensés avec profondeur et avec une sorte de hardiesse ; ce n'est plus le siècle du génie, c'est celui des talens et des connaissances.

Vauvenargues (1) était l'héritier d'un nom distingué dans les fastes de la noblesse de Provence. Son éducation, toute militaire, fut analogue à la profession qu'il devait embrasser. La volonté de ses parens lui prescrivait de suivre la carrière des armes, où ses ancêtres avaient conquis leur illustration, et lui montrait, au milieu des champs de bataille, la gloire *dont les premiers regards sont plus doux que les feux de l'aurore* (1). Ainsi Vauvenargues n'avait point à choisir; déjà son jeune cœur palpite au récit des exploits de nos guerriers, et, à peine sorti de l'enfance, il vole en Italie, sous les drapeaux de l'armée française.

Comment Vauvenargues, étranger à toute espèce d'étude littéraire, dont l'esprit et le goût ne furent pas cultivés par l'éducation, devint-il un grand moraliste et un écrivain distingué? Comment son talent put-il se conserver et se mûrir dans le tumulte et l'agitation des camps? Comment put se former le philosophe sous la tente du soldat? Telles sont les questions qui se

(1) Né à Aix, le 6 août 1715, et non le 10 comme l'ont avancé tous les biographes. ÉDIT.

(2) VAUVENARGUES, *Max.* 382.

présentent à l'esprit étonné, en lisant le premier ouvrage de Vauvenargues, l'*Introduction à la connaissance de l'esprit humain*.

S'il est un talent qui puisse aisément se passer du secours des connaissances littéraires et de l'étude des grands modèles ; qui, ne devant rien qu'à lui-même, renferme en lui le germe de ses plus heureuses inspirations ; qui, libre dans ses développemens, marche sans guide et sans auxiliaire au noble but qu'il se propose, c'est sans doute le talent de l'écrivain moraliste. Chez lui, la pénétration de l'esprit, la sensibilité, l'élévation des pensées, un sens droit, suppléent l'instruction pour former son goût et son jugement : tandis que l'homme de lettres, en général, a besoin de toutes les ressources d'une littérature profonde et variée, et doit interroger les chefs-d'œuvre pour en découvrir les secrets, pour en approfondir les mystères ; tandis qu'il cherche la gloire dans l'imitation des grands maîtres, le moraliste observe l'homme au milieu de la société : le monde, voilà le seul livre qu'il consulte, le seul livre où il puise des leçons toujours utiles, des instructions toujours nouvelles. Quel spectacle en effet plus intéressant que celui de l'homme ! quelle source plus féconde en grandes vérités, en émotions délicieuses, que l'étude de cet esprit, moteur de la matière à laquelle il est enchaîné, capable avec ses chaînes de parcourir la durée des siècles et l'immensité de l'espace, assez faible néanmoins pour se briser, en quelque sorte, contre un atome; de ce cœur, théâtre fertile en scènes toujours variées, où les plus grandes vertus naissent à côté des plus grands vices; où les passions, sous une infinité de formes, produisent une infinité de faits bizarres et presque incroyables!

L'homme qui a reçu du ciel le talent de l'observation, cette philosophie du cœur qui aspire à éclairer ses semblables par la voix de la raison, cette sensibilité expansive qui embrasse l'univers, n'a rien à craindre des vicissitudes et des caprices du sort. Dans quelque situation qu'il se trouve, les révolutions de sa destinée respectant la noble faculté qui le distingue, n'altèrent pas le sentiment généreux qui l'anime. Dans les palais de l'opulence ou sous le toit de la pauvreté, au sein des villes ou sur les champs de bataille, son amour pour le genre humain conserve toute sa vivacité. Calme et tranquille, il observe les spectacles divers que lui offre la scène du monde; s'il est forcé lui-même d'être acteur sur ce vaste théâtre, il trouve dans cette nécessité le moyen d'être plus sûrement utile à la société. Heureux quand il peut remplir un rôle actif! Il doit chercher à pénétrer dans l'intérieur des hommes, à se trouver mêlé à leurs intérêts. Lorsqu'il s'est placé ainsi dans la confidence de leurs passions et de leurs vices, il en voit l'affreuse nudité, dépouillée du masque de l'hypocrisie; et détournant ensuite ses regards de ces grands tableaux de la société, il interroge sa pensée sur cette diversité étonnante d'actions, de folies et de croyances, sur les impressions que ce spectacle a laissées dans son esprit : alors ses sensations deviennent des idées, et, de ses souvenirs, se forme la vraie philosophie, celle que donne l'expérience.

Mais, si pour bien connaître les hommes il faut vivre avec eux, pour les juger, pour les peindre, il faut s'éloigner de leur société. C'est dans la retraite qu'on juge les passions en ne les partageant pas ; c'est là qu'on peut plaindre ses semblables sans être exposé à les haïr. Tel est le monde : de près il irrite le sage, de loin il excite sa compassion. Dans la retraite, la nature reprend tous ses droits, le sentiment s'épure, la raison se perfectionne ; c'est là que Vauvenargues fortifia son ame et régla son éloquence.

Il était né avec une complexion faible et déli-
cate, et, dès le berceau, avait commencé avec
la douleur une lutte cruelle, qui devait se terminer par une mort prématurée. Il semblait
que le ciel eût ainsi voulu l'avertir que sa vie
était dévouée toute entière à l'infortune, et que
le bonheur ne devait lui sourire que dans la
tombe. Peut-être Vauvenargues dut-il au sentiment secret d'un trépas anticipé, cette mélan-
colie douce et tendre qu'il a répandue dans ses
écrits; peut-être ces lugubres idées de la mort,
qui jetèrent un nuage de tristesse sur les premières années de sa vie, en laissant dans son
esprit une impression vive et profonde, éveil-
lèrent-elles en lui le besoin de la méditation.
Les religieuses pensées sont l'espoir et la consolation de l'homme malheureux et souffrant :
à l'aspect de la tombe, il se replie, pour ainsi
dire, sur lui-même, et tâche de s'élever à la
connaissance de son être. Le besoin des émotions
se réveillant dans son cœur avec plus d'énergie,
le porte à tout voir, à tout éprouver, à tout
sentir, et agite sa pensée en même temps qu'il
l'éclaire. Le concours des événemens au milieu
desquels fut placée la jeunesse de Vauvenargues,
servit à développer en lui le germe du talent
qu'il avait reçu de la nature. Son premier sou-

pir avait été pour la gloire, et il apporta dans
la carrière militaire le desir de la célébrité
avec le besoin de s'en rendre digne : tel est le
caractère d'une belle ame; elle refuse une estime qu'elle ne croit pas avoir méritée, et pour
qu'elle en accepte l'hommage, il faut que la voix
de la conscience réponde à la voix de l'opinion
publique qui l'a décerné. Aussi, rarement la
gloire est-elle le prix du vrai mérite ; car tandis qu'il la cherche dans la rigide observation
des devoirs, l'intrigue s'en empare, et la médiocrité couronnée insulte au talent obscur et
méconnu. Les camps, surtout, sont le théâtre de
ces odieuses usurpations : le mérite ne peut
guère s'y élever, s'il n'est soutenu par la faveur
et secondé par les circonstances.

Je ne suivrai point Vauvenargues aux champs
de l'Italie, dans les rangs de l'armée française,
où la supériorité de son esprit et ses qualités
modestes ne lui valurent que le respect et l'amitié de ses camarades. Je ne le montrerai pas
non plus cherchant la gloire dans de nouveaux
dangers, accourant avec le maréchal de Belle-Isle
aux plaines de la Bohême, et partageant l'honneur de cette retraite triomphante (1), où la
valeur française brilla d'un si vif éclat. Guer-

(1) La retraite de Prague.

rier, Vauvenargues n'a pas besoin de nos éloges;
l'éloquence, inspirée par l'amitié, a élevé à son
courage un monument (1) digne de lui et de ses
généreux compagnons d'armes. Ses plus beaux
titres sont ceux d'écrivain et de moraliste; c'est
sous ce double rapport qu'il faut l'examiner.
Je me hâte donc d'arriver au moment où Vauvenargues embrassa la nouvelle carrière qui
devait le conduire à la célébrité.

Les fatigues de la guerre avaient entièrement
détruit sa santé, qui toujours avait été chance-
lante; neuf années de service n'avaient été que
faiblement récompensées; le jeune officier réso-
lut de quitter une carrière ingrate, où il n'a-
vait pu trouver même un dédommagement honorable de la mort douloureuse dont elle lui
laissait la perspective. L'injustice révolte les
cœurs généreux : il y a en eux l'instinct d'un
noble orgueil, qui s'indigne des triomphes de
l'intrigue, et le sentiment d'une dignité morale,
qui recule devant les moyens de la bassesse.
Vauvenargues, inconnu, sans protection, n'a-
vait pour recommandation à la faveur, que ses
services et son mérite : il fut oublié; mais sa
santé épuisée l'avertissait d'abandonner la carrière des armes; il voulut embrasser celle des

(1) VOLTAIRE, *Éloge des officiers morts dans la guerre de 1741.*

b.

négociations, et sollicita auprès du ministre des
affaires étrangères un emploi dans la diplomatie.
Des promesses bienveillantes avaient encouragé
ses timides espérances ; déjà il se préparait à se
rendre digne de la protection d'un ministre (1),
qu'avaient intéressé à sa fortune son talent et
ses malheurs, quand une maladie longue et
cruelle vint l'atteindre au sein de sa famille,
au milieu de ses nouvelles occupations, et ne
lui permit plus que l'espérance d'une mort pro-
chaine, comme le terme de ses maux.

Comment se défendre d'attendrissement, en
voyant sur son lit de douleur ce jeune homme
encore à la fleur de l'âge, et dont l'existence n'a
été qu'un tissu d'infortunes et de souffrances?
Qui pourrait refuser à son sort les pleurs de la
pitié ? O vous que vos talens appellent dans la
carrière des lettres, et dont j'entends les plaintes
s'élever contre les obstacles dont elle est semée,
contre les peines et les disgrâces dont la gloire
est le prix, venez contempler ce philosophe de
trente ans ; calme, impassible, la douleur ne lui
arrache pas une plainte, un murmure ; une philosophie sublime soutient et affermit sa cons-
tance ; son ame a conservé toute sa force, son
esprit toute son activité. L'approche de la mort

(1) M. Amelot.

est l'épreuve la plus terrible d'une conscience coupable ; alors commence pour elle l'expiation des fautes, avec les souvenirs qui l'assiègent, et les remords qui la déchirent. Cet instant fatal est, au contraire, le triomphe de l'homme vertueux ; ses adieux à la vie sont encore des leçons de courage et de vertu : Vauvenargues recueille sa pensée et ses souvenirs, et soutenu par l'espérance d'être utile à la société, il confie au public le fruit de ses études et de son expérience.

L'homme semble en disgrâce (1) chez la plupart des écrivains moralistes, qui ont précédé Vauvenargues. Dans tous on remarque une haine presque égale de l'humanité ; et pour me servir encore de l'expression de notre jeune philosophe, *c'est à qui chargera de plus de vices le genre humain* (2). Ils se sont écartés du but que se propose la morale. Pour réveiller dans le coeur de l'homme l'amour de la vertu, pour le rendre au sentiment de sa dignité, il ne suffit pas de lui montrer l'instabilité de sa raison, de l'effrayer par le hideux tableau de ses excès et de ses folies. Aux leçons de l'austère vérité il faut mêler les préceptes d'une morale douce et bienveillante, qui apprenne à l'homme qu'il est né pour la

(1) VAUVENARGUES, *Max.* 619.
(2) *Ibid.*

vertu, que la nature en a déposé le germe dans
son cœur : tel est le premier devoir du moraliste ; et cependant presque tous nos philosophes,
loin de se borner à peindre, à juger l'homme,
ont été jusqu'à le dénaturer.

A l'aspect des maux de sa patrie, au milieu
des saturnales sanglantes de la guerre civile,
Montaigne gémit et pleure ; il voit le crime
triomphant persécuter la vertu, et le fanatisme
agiter ses torches funèbres ; les cris des bour-
reaux et des victimes retentissent à ses oreilles ;
quand il cherche l'humanité, l'homme s'offre
partout à ses yeux cruel et féroce ; alors il s'é-
crie, dans son indignation, que la nature a mis
dans son cœur un instinct d'inhumanité(1). Bientôt entraîné par les conséquences fatales et nécessaires de ce principe, Montaigne fait de la
conscience l'ouvrage de la coutume et l'esclave
des préjugés (2), et renverse ainsi tous les fondemens de la morale.

Mais, non moins que Montaigne, il calomnie
l'homme et outrage la conscience, ce philosophe (3) qui ramenant toutes nos actions à l'inté-

(1) Nature a, ce crains ie, attaché à l'homme quelque instinct à
l'inhumanité. *Essais*, liv. II, chap. XI.

(2) Les lois de la conscience, que nous disons naistre de la
nature, naissent de la coustume. *Essais*, liv. I, ch. XXII.

(3) La Rochefoucauld.

rêt, le considère comme le motif de toute notre conduite, admet l'égoïsme comme base de nos qualités, et par cette flétrissante erreur détruit toute confiance dans la vertu, et déshérite la vie de toute espérance de bonheur. Avec le triomphe de ce principe cruel et funeste tout tombe en ruines, nos affections se concentrent en nous-mêmes, les ames se resserrent et se glacent; plus de générosité, plus de nobles transports; la clémence qui pardonne n'est que le mouvement d'une vanité qui insulte, ou de la faiblesse qui n'ose punir; la bienfaisance, un orgueil qui se paie d'avance de ce qu'il donne, un art de faire de légers sacrifices pour en obtenir de plus grands, la reconnaissance, une flatterie intéressée d'un cœur ingrat; l'amitié même n'est plus qu'un froid calcul, et notre sensibilité qu'une ridicule affectation.

On chercherait en vain dans La Bruyère cette philosophie indulgente qui cherche à consoler l'homme en lui montrant les ressources qu'il conserve pour la vertu, et *relève à ses yeux sa force bien plutôt que sa faiblesse*(1). Le livre des *Caractères* semble être la satire de l'humanité : c'est, il est vrai une satire ingénieuse et fine,

(1) VAUVENARGUES, *Réflexions critiques sur quelques Orateurs*, t. I, p. 205.

où l'on ne rencontre jamais la plaisanterie qui
diffame, et le sarcasme qui veut avilir; mais
quoique la morale de La Bruyère soit généreuse
et sévère, quoiqu'elle éclaire l'esprit et parle à
l'imagination, rarement elle va jusqu'à émou-
voir le cœur.

La philosophie de Pascal, fière et sublime,
jette dans l'ame la terreur, loin d'y faire passer
la persuasion. Appuyé sur la religion, et les regards élevés vers le ciel, chassant devant sa verge
inexorable les passions et les vains plaisirs de
l'homme, il le place entre l'abîme du néant et
l'espérance d'une éternelle vie. Au sein de sa religieuse solitude, loin du spectacle du monde,
dont les souvenirs ne lui rappelaient que l'infortune et la persécution, cette ame ardente et ver-
tueuse retrempait dans le silence sa haine contre
le genre humain, et s'élevant au-dessus de la
terre, dans la hauteur de ses pensées, n'en descendait jamais avec l'accent affectueux de l'indulgence, pour consoler la faiblesse, mais avec
la voix terrible d'une vérité austère pour l'é-
pouvanter. La morale de Pascal attriste, parce
qu'elle n'est que le tableau fidèle des misères
humaines, et l'on sait que les hommes se diri-
gent bien moins d'après les jugemens de leur esprit, qu'ils n'obéissent aux affections de leur ame.

L'espèce humaine calomniée attendait un défenseur, et Vauvenargues paraît pour la justifier. Tandis que la voix de la plupart des philosophes trompés par leur sentiment, égarés par leur indignation, à l'aspect de l'homme dépravé par ses institutions, s'élève contre la nature et l'accuse en s'écriant : Il n'y a pas de vertu ! Vauvenargues descend dans le cœur de l'homme, il reconnaît à travers toute sa perversité les traces d'une primitive excellence et d'un noble instinct vers le bien, que les erreurs de la raison en délire (1) et des passions aveugles peuvent altérer souvent, mais ne peuvent jamais entièrement effacer, et il s'écrie : La vertu existe (2) !

Vauvenargues, dans l'*Introduction à la connaissance de l'esprit humain*, et dans ses *Maximes*, s'attache toujours à rappeler à l'homme son origine céleste et sa noble destination, il relève sa nature à ses yeux, il cherche à l'agrandir pour lui inspirer une généreuse confiance en lui-même, et ses accens sont toujours ceux d'une raison affectueuse et éloquente. Ce sentiment d'un tendre amour pour l'humanité, il le reproduit avec une heureuse variété d'expressions (3),

(1) VAUVEN., *Max.* 31.
(2) *Ibid.*, 296.
(3) *Ibid.*, 299, 432, 618, 619, etc.

et la réhabilitation de l'espèce humaine semble
être le but de ses efforts ; mais cependant ce
noble desir ne l'égare jamais. Toujours métho-
dique et profond, il creuse les principes, déve-
loppe les conséquences, démontre à l'homme ce
qu'il doit être, et fournit toujours à la raison des
armes puissantes contre les révoltes du cœur.

Dans l'*Introduction à la connaissance de l'esprit humain*, la critique sévère reproche à Vauvenargues des erreurs. Cet ouvrage était l'essai
de l'auteur, le cadre était trop vaste, et l'on sent
que, pour le remplir parfaitement, il fallait une
grande maturité d'esprit, un grand nombre
de connaissances. Vauvenargues n'avait étudié
l'homme que tel qu'il se montre dans la société.
L'*Introduction à la connaissance de l'esprit humain* exigeait plus que le talent de l'observation,
plus que de la pénétration et de l'esprit. En
lisant cet ouvrage, on reconnaît la faiblesse de
l'auteur, qui lutte en vain avec son sujet, et qui
tâche de suppléer à l'insuffisance de ses moyens
par l'énergie de son ame et l'indépendance de
son imagination. Mais on pardonne facilement à
l'audace généreuse d'un esprit droit et vigoureux, dont l'allure est libre et fière, et qui,
rejetant le joug des préjugés, dédaigne les routes
ordinaires et marche à la vérité par des sentiers

qu'il s'est tracés lui-même. Réduit à ses propres
forces, n'ayant pour guide que son bon sens et la
rectitude de son jugement, il doit s'écarter quelquefois du but ; mais ses erreurs même portent
l'empreinte de l'originalité, elles sont marquées
du sceau de la loyauté et de la franchise. Quand
il atteint à la vérité, il la présente d'abord au
cœur pour obtenir la conviction de l'esprit, et
c'est par le sentiment qu'il arrive à la persuasion.

C'est surtout dans ses *Maximes* que brille le
talent de Vauvenargues ; ce sont elles qui l'ont
placé à côté de La Rochefoucauld. Là, se déve-
loppe son ame aimante, et la sévérité de la morale est tempérée par une douce indulgence : la
concision, la profondeur et la finesse s'y unissent
aux plus nobles mouvemens de l'éloquence.
Une raison forte et éclairée guide toujours la
plume du moraliste, et son style, frappant par
l'énergie, intéresse encore par sa candeur : au
sein même de l'indignation et de la haine vigoureuse que le vice lui inspire, on trouve un fonds
de bonté qui écarte l'idée d'un esprit chagrin ou
d'un censeur trop austère ; car la connaissance
sûre et profonde du cœur humain serait une
science stérile sans l'indulgence qui sait la fé-
conder : le coup d'œil de Vauvenargues ne suffit

pas, il faut avoir son ame. Un sec moraliste
pourrait, en voulant éclairer l'homme, ne faire
que l'irriter : Vauvenargues ne l'abandonne pas
lorsqu'il l'a blessé ; il lui tend les bras, il pleure
avec lui, il le console et l'encourage. S'il l'effraie
par le tableau du vice, il l'anime par le tableau
de la vertu. Qu'elle est belle sous son pinceau !
qu'il est doux d'arriver jusqu'à elle sous un tel
guide !

A cette douce indulgence, à cette sensibilité
exquise répandue dans tous ses écrits, Vauvenargues unit le naturel, qui résulte de l'ana-
logie de l'esprit avec le caractère, du cœur avec
le jugement. C'est là peut-être la première source
de l'intérêt qu'inspire l'auteur : on croit le voir
en le lisant ; tout ce qu'il dit, il le sent : loin de
lui les tours d'une ingénieuse symétrie qui décè-
lent un écrivain plus occupé des mots que des
choses ; le philosophe subordonne toujours à
l'idée la manière de la rendre. Ses réflexions
partent de son caractère, ses pensées sont, pour
ainsi dire, un secret qui lui échappe ; et cette
réunion de qualités fait naître dans l'esprit du
lecteur un sentiment plus flatteur que celui de
l'admiration ; on aime Vauvenargues, on regrette de ne pas l'avoir connu.

Vauvenargues au milieu d'un siècle qui sem-

blait proscrire toutes les religions, toutes les
croyances, préserva ses écrits de son influence
pernicieuse; alors une philosophie destructive
et funeste proclamait ses rêves et ses systèmes,
érigeait en problèmes les plus saints devoirs, et
interrogeant les droits du diadème et de l'autel,
évoquait lentement le fantôme d'une révolution
qui devait tout renverser. Déjà l'esprit novateur
répandait partout son dangereux poison, et l'a-
théisme déifiant les passions voulait ôter à la vie
ses illusions, à la vertu ses espérances. Vauvenargues est sourd à la voix de l'erreur qui publie
autour de lui ses mensonges. Son indignation
dénonce et flétrit ces esprits forts qui cherchent
une honteuse célébrité dans l'excès et dans l'ef-
fronterie de leur impiété, et qui *se placent au
rang des génies seulement parce qu'ils méprisent
les institutions religieuses* (1). Non, c'est en vain
qu'une secte impie voudrait compter Vauvenargues au nombre de ses apôtres; il ne lui appartient
pas. Sa morale est empreinte d'une religieuse
philosophie; sans cesse, dans ses écrits, il en
proclame la nécessité : gardons-nous de la confondre avec le pyrrhonisme, ce système insensé,
fléau de la philosophie, dont il usurpe le nom et
imite le langage, croyant participer à sa gloire,

(1) VAUVENARGUES, *Max.* 538.

et la chargeant quelquefois de sa propre honte ;
système destructeur de toute idée philosophique,
puisqu'il ne tend qu'à renverser toute vérité,
qu'à saper les fondemens de la morale, à rompre
les liens sacrés des lois, à détruire du même
coup la vérité et la science, à opprimer la raison
sous le prétexte de l'affranchir, à ne lui laisser
enfin que l'avantage désespérant de creuser elle-
même son tombeau. Dans Vauvenargues le doute
s'arrête devant les mystères que la raison humaine ne saurait approfondir, et que le ciel,
pour notre bonheur, a couverts d'une sainte obscurité : il ne les confond point avec ces objets
vulgaires, naturellement soumis à notre examen ;
il sait qu'on ne doit point assujétir les vérités
éternelles aux systèmes ruineux de notre imagination et exposer à la dérision des incrédules un
absurde mélange d'idées humaines et de faits
divins.

Il avait fait une étude particulière de la langue
française ; il avait approfondi et comparé les
chefs-d'œuvre de nos plus grands écrivains, et
peut-être dut-il à ce travail, dont l'utilité est
incontestable, cette correction, cette pureté de
style qui distinguent ses écrits. Étranger aux
lettres latines, réduit aux ouvrages français,
il y avait cherché un supplément des connais-

sances dont l'avait privé une éducation imparfaite. Guidé par les conseils et le goût de Voltaire,
il soumettait ses jugemens sur les auteurs français, à ce grand écrivain, qui lui prodiguait la
bienveillance et les soins d'une tendre amitié.
Boileau, qui reprochait si amèrement au grand
Corneille son goût pour Lucain, n'aurait pas
sans doute pardonné à Vauvenargues la sévérité
injuste qui a dicté son jugement sur Corneille
lui-même. Nous trouvons une excuse de ses
erreurs dans son caractère, dont la douceur
s'effrayait peut-être des vertus farouches des
hommes que fait parler Corneille, et de ce ré-
publicanisme sauvage qu'il prête aux héros de
l'ancienne Rome. Mais le poète qui fit parler à
l'amour le plus vrai, le plus harmonieux langage, l'auteur d'*Andromaque* et d'*Iphigénie*,
devait plaire surtout au cœur de Vauvenargues;
aussi lui donne-t-il la préférence sur Corneille.
Voltaire voulut en vain relever ce dernier dans
l'opinion de notre moraliste; toute son éloquence, la puissance, l'autorité de ses raisonnemens échouèrent dans la défense du père de la
tragédie. Il ne put également triompher de la
juste admiration que Vauvenargues avait vouée
à l'auteur du *Télémaque*. Mais il était réservé à
ce jeune écrivain de défendre un grand poète et

un grand philosophe, La Fontaine et Pascal,
dont Voltaire osait presque mettre le génie en
problème. On aime voir Vauvenargues combattre pour une cause si noble et si juste, et,
dans cette lutte glorieuse, triompher de la partialité d'un aussi terrible adversaire.

Mais comment ce même écrivain, qui dans
le jugement qu'il a porté sur La Bruyère, témoigne une admiration si sincère, si vivement
sentie, de l'auteur des *Caractères*; qui, par une
juste appréciation de son talent, rend un hommage éclatant et solennel au peintre qui crayonna
le tableau des mœurs et des ridicules de ses contemporains; comment Vauvenargues a-t-il été
injuste envers le plus grand des peintres, envers
Molière? Il lui reproche la bassesse des sujets :
Tartufe, *le Misanthrope*, conceptions sublimes,
sont là pour répondre à sa critique. Mais ne
voyons encore, dans ce jugement sur le prince
des poètes comiques, que la faiblesse ou l'erreur
d'une ame indulgente et généreuse, qui, sans
doute épouvantée par l'énergie de la peinture,
et n'osant croire à tant de perversité et de vices,
craignait de se placer, par le suffrage de son admiration, au rang des détracteurs de l'humanité.

Maintenant que le philosophe et l'écrivain
vous sont connus, descendons dans la vie privée

de Vauvenargues. Rarement cherche-t-on à connaître la vie privée d'un auteur, quand elle n'a contribué ni à sa réputation ni à sa gloire; mais le moraliste excite un intérêt de curiosité, qu'explique assez la nature de ses écrits; on veut savoir si sa conduite n'a pas démenti les leçons que sa plume nous a tracées.

L'histoire et les traditions littéraires ne nous apprennent presque rien des événemens de la vie de Vauvenargues; mais elles ne gardent pas le même silence sur son caractère. Voltaire, Marmontel, et d'autres écrivains ses contempoporains, nous le représentent sous les traits intéressans du malheur, du talent et de la vertu. Il avait beaucoup d'amis; cette circonstance extraordinaire est la plus belle apologie de son cœur. Si ces témoignages ne nous attestaient ses qualités morales, la lecture de ses écrits suffirait pour convaincre que la douce philosophie qu'il y a répandue était l'inspiration d'une belle ame. Enlevé à la fleur de l'âge, Vauvenargues n'a pas joui de sa gloire. Les hommages de la postérité devaient consoler sa cendre de l'indifférence de son siècle; elle a inscrit son nom parmi les hommes illustres de la France, et sa réputation semble devoir s'accroître encore; elle est appuyée sur une base qui n'a rien à craindre des révolutions du temps. Panégyriste de l'humanité, Vauvenargues lui offre les consolations d'une philosophie bienveillante ; tant qu'il y aura des hommes, tant que parmi eux subsistera le culte de la vertu, tant qu'il y aura des cœurs amis d'une morale saine et pure, on lira, on aimera Vauvenargues, parce que l'amour de la vertu et de l'humanité respire dans ses écrits; et à ce titre, plus honorable sans doute que ne le serait encore celui de grand écrivain, la reconnaissance publique le placera toujours, dans ses souvenirs et dans sa vénération, à côté de l'immortel auteur du *Télémaque*.

DIALOGUES.

DIALOGUE PREMIER.

ALEXANDRE ET DESPRÉAUX.

ALEXANDRE.

Hé bien, mon ami Despréaux, me voulez-vous toujours beaucoup de mal? Vous parais-je toujours aussi fou que vous m'avez peint dans vos satires?

DESPRÉAUX.

Point du tout, seigneur, je vous honore et je vous ai toujours connu mille vertus. Vous vous êtes laissé corrompre par la prospérité et par les flatteurs; mais vous aviez un beau naturel et un génie élevé.

ALEXANDRE.

Pourquoi donc m'avez-vous traité de fou (1) et de bandit dans vos satires? Serait-il vrai que

(1) Quoi donc! à votre avis, fût-ce un fou qu'Alexandre?
Qui? cet écervelé qui mit l'Asie en cendre?
Ce fougueux l'Angéli, qui, de sang altéré,
Maître du monde entier, s'y trouvait trop serré?

vous autres poètes, vous ne réussissez que dans les fictions ?

DESPRÉAUX.

J'ai soutenu toute ma vie le contraire, et j'ai prouvé, je crois, dans mes écrits, que rien n'était beau en aucun genre que le vrai.

ALEXANDRE.

Vous avouez donc que vous aviez tort de me blâmer si aigrement ?

DESPRÉAUX.

Je voulais avoir de l'esprit ; je voulais dire quelque chose qui surprît les hommes ; de plus

> L'enragé qu'il était, né roi d'une province,
> Qu'il pouvait gouverner en bon et sage prince,
> S'en alla follement et pensant être dieu,
> Courir comme un bandit qui n'a ni feu ni lieu ;
> Et traînant avec soi les horreurs de la guerre,
> De sa vaste folie emplir toute la terre ;
> Heureux, si de son temps, pour cent bonnes raisons,
> La Macédoine eût eu des petites-maisons ;
> Et qu'un sage tuteur l'eût en cette demeure,
> Par avis de parents, enfermé de bonne heure. (*).
>
> BOILEAU, *Satire VIII.*

(*) Voilà le roi Alexandre déclaré fou. Or, dans l'*Art poétique*, chant III, vers 250, Louis XIV ressemble au grand Alexandre :

Qu'il soit tel que César, Alexandre ou Louis.

DAUNOU.

je voulais flatter un autre prince qui me protégeait : avec toutes ces intentions, vous voyez bien que je ne pouvais pas être sincère.

ALEXANDRE.

Vous l'êtes du moins pour reconnaître vos fautes, et cette espèce de sincérité est bien la plus rare; mais poussez-la jusqu'au bout. Avouez que vous n'aviez peut-être pas bien senti ce que je valais, quand vous écriviez contre moi?

DESPRÉAUX.

Cela peut être. Je suis né avec quelque justesse dans l'esprit; mais les esprits justes qui ne sont point élevés, sont quelquefois faux sur les choses de sentiment et dont il faut juger par le cœur.

ALEXANDRE.

C'est apparemment par cette raison que beaucoup d'esprits justes m'ont méprisé; mais les grandes ames m'ont estimé; et votre Bossuet, votre Fénélon, qui avaient le génie élevé, ont rendu justice à mon caractère, en blâmant mes fautes et mes faibles.

DESPRÉAUX.

Il est vrai que ces écrivains paraissent avoir

eu pour vous une extrême vénération.; mais ils
l'ont poussée peut-être trop loin. Car enfin , malgré vos vertus , vous avez commis d'étranges
fautes : comment vous excuser de la mort de
Clitus (1), et de vous être fait adorer ?

ALEXANDRE.

J'ai tué Clitus dans un emportement que l'i-
vresse peut excuser. Combien de princes, mon
cher Despréaux , ont fait mourir de sang-froid
leurs enfans , leurs frères ou leurs favoris, par
une jalousie excessive de leur autorité ! La mienne
était blessée par l'insolence de Clitus , et je l'en

(1) Clitus , frère d'Hellanice , nourrice d'Alexandre-le-Grand ,
se signala sous ce prince, et lui sauva la vie au passage du Granique
en coupant d'un coup de cimeterre le bras d'un satrape qui allait
abattre de sa hache la tête du héros macédonien. Cette action lui
gagna l'amitié d'Alexandre.

Dans un accès d'ivresse ce roi se plaisait un jour à exalter
ses exploits et à rabaisser ceux de Philippe son père, Clitus osa
relever les actions de Philippe aux dépens de celles d'Alexandre :
Tu as vaincu, lui dit-il, *mais c'est avec les soldats de ton père*.
Il alla même jusqu'à lui reprocher la mort de Philotas et de Parménion ; Alexandre, échauffé par le vin et la colère, suivit un
premier mouvement, et le perça d'un javelot, en lui disant : *Va
donc rejoindre Philippe, Parménion et Philotas*. Revenu à la
raison, à la vue de son ami baigné dans son sang, honteux et
désespéré, il voulut se donner la mort, mais les philosophes
Callisthènes et Anaxarque l'en empêchèrent. ÉDIT.

ai puni dans le premier mouvement de ma colère : je lui aurais pardonné dans un autre
temps. Vous autres particuliers, mon cher Despréaux, qui n'avez nul droit sur la vie des
hommes, combien de fois vous arrive-t-il de
desirer secrètement leur mort, ou de vous en
réjouir lorsqu'elle est arrivée? et vous seriez
surpris qu'un prince qui peut tout avec impu-
nité, et que la prospérité a enivré, se soit sa-
crifié dans sa colère un sujet insolent et ingrat!

DESPRÉAUX.

Il est vrai : nous jugeons très-mal des actions
d'autrui; nous ne nous mettons jamais à la place
de ceux que nous blâmons. Si nous étions capables d'une réflexion sérieuse sur nous-mêmes
et sur la faiblesse de l'esprit humain, nous
excuserions plus de fautes; et contens de trouver
quelques vertus dans les meilleurs hommes,
nous saurions les estimer et les admirer malgré
leurs vices.

DIALOGUE II.

FÉNÉLON ET BOSSUET.

BOSSUET.

Pardonnez-moi, aimable prélat; j'ai combattu un peu vos opinions, mais je n'ai jamais cessé de vous estimer.

FÉNÉLON.

Je méritais que vous eussiez quelque bonté pour moi. Vous savez que j'ai toujours respecté votre génie et votre éloquence.

BOSSUET.

Et moi j'ai estimé votre vertu jusqu'au point d'en être jaloux. Nous courions la même carrière; je vous avais regardé d'abord comme mon disciple, parce que vous étiez plus jeune que moi; votre modestie et votre douceur m'avaient charmé, et la beauté de votre esprit m'attachait à vous. Mais lorsque votre réputation commença à balancer la mienne, je ne pus me défendre de quelque chagrin; car vous m'aviez accoutumé à me regarder comme votre maître.

FÉNÉLON.

Vous étiez fait pour l'être à tous égards ; mais vous étiez ambitieux ; je ne pouvais approuver vos maximes en ce point.

BOSSUET.

Je n'approuvais pas non plus toutes les vôtres. Il me semblait que vous poussiez trop loin la modération, la piété scrupuleuse, et l'ingénuité.

FÉNÉLON.

En jugez-vous encore ainsi ?

BOSSUET.

Mais j'ai bien de la peine à m'en défendre. Il me semble que l'éducation que vous avez donnée au duc de Bourgogne (1) était un peu trop asservie à ces principes. Vous êtes l'homme du monde qui avez parlé aux princes avec le plus de vérité et de courage ; vous les avez instruits de leurs devoirs ; vous n'avez flatté ni leur mollesse, ni

(1) Louis, dauphin, fils aîné du *Grand-Dauphin* et petit-fils de Louis XIV, père de Louis XV, naquit à Versailles le 6 août 1682, et reçut en naissant le nom de *duc de Bourgogne*. Il eut le duc de Beauvilliers, un des plus honnêtes hommes de la cour, pour gouverneur, et Fénélon, qui était un des plus vertueux et des plus aimables, pour précepteur. Digne élève de tels maîtres, ce prince fut le modèle des vertus, il l'eût été des rois ! ÉDIT.

leur orgueil, ni leur dureté (1). Personne ne leur a jamais parlé avec tant de candeur et de hardiesse; mais vous avez peut-être poussé trop loin vos délicatesses sur la probité. Vous leur inspirez de la défiance et de la haine pour tous ceux qui ont de l'ambition; vous exigez qu'ils les écartent, autant qu'ils pourront, des emplois; n'est-ce pas donner aux princes un conseil timide? Un grand roi ne craint point ses sujets, et n'en doit rien craindre.

FÉNÉLON.

J'ai suivi en cela mon tempérament, qui m'a

(1) Qu'il nous soit permis de confirmer le jugement de Vauvenargues par un trait que l'histoire nous a transmis. Le duc de Bourgogne était fort enclin à la colère, voici un des moyens que Fénélon employa pour réprimer ce penchant:

Un jour que le prince avait battu son valet-de-chambre, il s'amusait à considérer les outils d'un menuisier qui travaillait dans son appartement. L'ouvrier, instruit par Fénélon, dit brutalement au prince de passer son chemin et de le laisser travailler. Le prince se fâche, le menuisier redouble de brutalité, et, s'emportant jusqu'à le menacer, lui dit : *Retirez-vous, mon prince, quand je suis en colère je ne connais personne.* Le prince court se plaindre à son précepteur de ce qu'on a introduit chez lui le plus méchant des hommes. *C'est un très-bon ouvrier,* dit froidement Fénélon, *son unique défaut est de se livrer à la colère.* Leçon admirable, et qui fit mieux comprendre au prince combien la colère est une chose hideuse, que ne l'auraient fait les discours les plus éloquens ! ÉDIT.

peut-être poussé un peu au-delà de la vérité.
J'étais né modéré et sincère ; je n'aimais point
les hommes ambitieux et artificieux. J'ai dit qu'il
y avait des occasions où l'on devait s'en servir ;
mais qu'il fallait tâcher peu à peu de les rendre
inutiles.

BOSSUET.

Vous vous êtes laissé emporter à l'esprit systé-
matique. Parce que la modération, la simplicité,
la droiture, la vérité vous étaient chères, vous
ne vous êtes pas contenté de relever l'avantage
de ces vertus, vous avez voulu décrier les vices
contraires. C'est ce même esprit qui vous a fait
rejeter si sévèrement le luxe. Vous avez exagéré
ses inconvéniens, et vous n'avez point prévu
ceux qui pourraient se rencontrer dans la ré-
forme et dans les règles étroites que vous pro-
posiez.

FÉNÉLON.

Je suis tombé dans une autre erreur dont vous
ne parlez pas. Je n'ai tâché qu'à inspirer de l'humanité aux hommes dans mes écrits ; mais, par
la rigidité des maximes que je leur ai données,
je me suis écarté moi-même de cette humanité
que je leur enseignais. J'ai trop voulu que les
princes contraignissent les hommes à vivre dans

la règle, et j'ai condamné trop sévèrement les vices. Imposer aux hommes un tel joug, et réprimer leurs faiblesses par des lois sévères, dans le même temps qu'on leur recommande le support et la charité, c'est en quelque sorte se contredire, c'est manquer à l'humanité qu'on veut établir.

BOSSUET.

Vous êtes trop modeste et trop aimable dans votre sincérité. Car, malgré ces défauts que vous vous reprochez, personne, à tout prendre, n'était si propre que vous à former le cœur d'un jeune prince. Vous étiez né pour être le précepteur des maîtres de la terre.

FÉNÉLON.

Et vous, pour être un grand ministre sous un roi ambitieux.

BOSSUET.

La fortune dispose de tout. Je pouvais être né avec quelque génie pour le ministère, et j'étais instruit de toutes les connaissances nécessaires; mais je me suis appliqué dès mon enfance à la science des Anciens et à l'éloquence. Quand je suis venu à la cour, ma réputation était déjà faite

par ces deux endroits : je me suis laissé amuser
par cette ombre de gloire. Il m'était difficile de
vaincre les obstacles qui m'éloignaient des
grandes places, et rien ne m'empêchait de cultiver mon talent. Je me laissais dominer par
mon génie ; et je n'ai pas fait peut-être tout ce
qu'un autre aurait entrepris pour sa fortune,
quoique j'eusse de l'ambition et de la faveur.

FÉNÉLON.

Je comprends très-bien ce que vous dites.
Si le cardinal de Richelieu avait eu vos talens
et votre éloquence, il n'aurait peut-être jamais
été ministre.

BOSSUET.

Le cardinal de Richelieu avait de la naissance (1); c'est en France un avantage que rien
ne peut suppléer : le mérite n'y met jamais les
hommes au niveau des grands. Vous aviez aussi
de la naissance, mon cher Fénélon, et par là
vous me primiez en quelque manière. Cela n'a

(1) RICHELIEU (Armand *Jean du Plessis*), né à Paris le
5 septembre 1586, sacré évêque de Luçon à l'âge de 22 ans,
premier ministre de Louis XIII en novembre 1616, descendait
d'une des plus anciennes familles du Poitou. Il mourut à Paris
le 4 décembre 1642. ÉDIT.

pas peu contribué à me détacher de vous, car
je suis peut-être incapable d'être jaloux du mérite d'un autre ; mais je ne pouvais souffrir que
le hasard de la naissance prévalût sur tout ; et
vous conviendrez que cela est dur.

FÉNÉLON.

Oui, très-dur ; et je vous pardonne les persé-
cutions que vous m'avez suscitées par ce motif,
car la nature ne m'avait pas fait pour vous
dominer.

DIALOGUE III.

DÉMOSTHÈNES ET ISOCRATE.

ISOCRATE (1).

JE vois avec joie le plus éloquent de tous les hommes. J'ai cultivé votre art toute ma vie, et votre nom et vos écrits m'ont été chers.

DÉMOSTHÈNES (2).

Vous ne me l'êtes pas moins, mon cher Isocrate, puisque vous aimez l'éloquence ; c'est un talent que j'ai idolâtré. Mais il y avait de mon temps des philosophes qui l'estimaient peu, et qui le rendaient méprisable au peuple.

(1) Isocrate naquit à Athènes l'an 436 avant J.-C. Il devint, dans l'école de Gorgias et de Prodicus, l'un des plus grands maîtres dans l'art de la parole. Sa voix était faible et sa timidité excessive : aussi il ne parla jamais en public dans les grandes affaires de l'État ; mais ses leçons lui procurèrent une fortune immense. ÉDIT.

(2) Le nom par lequel Isocrate désigne Démosthènes, en l'appelant *le plus éloquent de tous les hommes,* est celui que la postérité a confirmé à ce célèbre orateur, qui naquit à Athènes l'an 381 avant J.-C. ÉDIT.

ISOCRATE.

N'est-ce pas plutôt que de votre temps l'éloquence n'était point encore à sa perfection ?

DÉMOSTHÈNES.

Hélas ! mon cher Isocrate, vous ne dites que trop vrai. Il y avait de mon temps beaucoup de déclamateurs et de sophistes, beaucoup d'écrivains ingénieux, harmonieux, fleuris, élégans, mais peu d'orateurs véritables. Ces mauvais orateurs avaient accoutumé les hommes à regarder leur art comme un jeu d'esprit sans utilité et sans consistance.

ISOCRATE.

Est-ce qu'ils ne tendaient pas tous, dans leurs discours, à persuader et à convaincre ?

DÉMOSTHÈNES.

Non, ils ne pensaient à rien moins. Pour ménager notre délicatesse, ils ne voulaient rien prouver ; pour ne pas blesser la raison, ils n'osaient rien passionner : ils substituaient dans tous leurs écrits la finesse à la véhémence, l'art au sentiment, et les traits aux grands mouvemens. Ils discutaient quelquefois ce qu'il

fallait peindre, et ils effleuraient en badinant
ce qu'ils auraient dû approfondir : ils fardaient
les plus grandes vérités par des expressions
affectées, des plaisanteries mal placées, et un
langage précieux. Leur mauvaise délicatesse
leur faisait rejeter le style décisif dans les endroits même où il est le plus nécessaire : aussi
laissaient-ils toujours l'esprit des écoutans dans
une parfaite liberté et dans une profonde indifférence. Je leur criais de toute ma force :
Celui qui est de sang-froid n'échauffe pas ; celui
qui doute ne persuade pas. Ce n'est pas ainsi
qu'ont parlé nos maîtres ! Nous flatterions-nous
de connaître plus parfaitement la vérité que
ces grands hommes, parce que nous la traitons
plus délicatement ? C'est parce que nous ne la
possédons pas comme eux, que nous ne savons
pas lui conserver son autorité et sa force.

ISOCRATE.

Mon cher Démosthènes, permettez-moi de vous
interrompre. Est-ce que vous pensez que l'éloquence soit l'art de mettre dans son jour la vérité?

DÉMOSTHÈNES.

On peut s'en servir quelquefois pour insinuer
un mensonge, mais c'est par une foule de vérités

de détail qu'on parvient à faire illusion sur l'objet principal. Un discours tissu de mensonges et de pensées fausses, fût-il plein d'esprit et d'imagination, serait faible et ne persuaderait personne.

ISOCRATE.

Vous croyez donc, mon cher Démosthènes, qu'il ne suffit point de peindre et de passionner pour faire un discours éloquent?

DÉMOSTHÈNES.

Je crois qu'on peint faiblement, quand on ne peint pas la vérité; je crois qu'on ne passionne point, quand on ne soutient point le pathétique de ses discours par la force de ses raisons. Je crois que peindre et toucher sont des parties nécessaires de l'éloquence; mais qu'il y faut joindre, pour persuader et pour convaincre, une grande supériorité de raisonnement.

ISOCRATE.

On n'a donc, selon vous, qu'une faible éloquence lorsqu'on n'a pas en même temps une égale supériorité de raison, d'imagination et de sentiment; lorsqu'on n'a pas une ame forte et pleine de lumières, qui domine de tous côtés les autres hommes.

DÉMOSTHÈNES.

Je voudrais y ajouter encore l'élégance, la pureté et l'harmonie ; car, quoique ce soient des choses moins essentielles, elles contribuent cependant beaucoup à l'illusion, et donnent une nouvelle force aux raisons et aux images.

ISOCRATE.

Ainsi vous voudriez qu'un orateur eût d'abord l'esprit profond et philosophique pour parler avec solidité et avec ascendant; qu'il eût ensuite une grande imagination pour étonner l'ame par ses images, et des passions véhémentes pour entraîner les volontés. Est-il surprenant qu'il se trouve si peu d'orateurs, s'il faut tant de choses pour les former?

DÉMOSTHÈNES.

Non, il n'est point surprenant qu'il y ait si peu d'orateurs; mais il est extraordinaire que tant de gens se piquent de l'être. Adieu, je suis forcé de vous quitter; mais je vous rejoindrai bientôt, et nous reprendrons, si vous le voulez, notre sujet.

DIALOGUE IV.

DÉMOSTHÈNES ET ISOCRATE.

ISOCRATE.

Je vous retrouve avec plaisir, illustre orateur, vous m'avez presque persuadé que je ne connaissais guère l'éloquence ; mais j'ai encore quelques questions à vous faire.

DÉMOSTHÈNES.

Parlez ; ne perdons point de temps, je serais ravi de vous faire approuver mes maximes.

ISOCRATE.

Croyez-vous que tous les sujets soient susceptibles d'éloquence ?

DÉMOSTHÈNES.

Je n'en doute pas ; il y a toujours une manière de dire les choses, quelles qu'elles soient, plus insinuante, plus persuasive : le grand art est, je crois, de proportionner son discours à son sujet ; c'est avilir un grand sujet, lorsqu'on veut l'orner, l'embellir, le semer de fleurs et de fruits. C'est encore une faute plus choquante, lorsqu'en excitant de petits intérêts, on veut exciter de grands mouvemens, lorsqu'on emploie de grandes figures, des tours pathétiques. Tout cela devient ridicule lorsqu'il n'est point placé. C'est le défaut de tous les déclamateurs, de tous les écrivains qui n'écrivent point de génie, mais par imitation.

ISOCRATE.

J'ai toujours été choqué plus que personne de ce défaut.

DÉMOSTHÈNES.

Ceux qui y tombent en sont choqués eux-mêmes lorsqu'ils l'aperçoivent dans les autres. Il y a peu d'écrivains qui ne sachent les règles, mais il y en a peu qui puissent les pratiquer. On sait, par exemple, qu'il faut écrire simplement, mais on ne pense pas des choses assez solides pour soutenir la simplicité. On sait qu'il faut dire des choses vraies ; mais comme on n'en imagine pas de telles, on en suppose de spécieuses et d'éblouissantes ; en un mot, on n'a pas le talent d'écrire, et on veut écrire.

ISOCRATE.

De là, non-seulement le mauvais style, mais le mauvais goût ; car, lorsqu'on s'est écarté des bons principes par faiblesse, on cherche à se justifier par vanité, et on se flatte d'autoriser les nouveautés les plus bizarres, en disant qu'il ne faut donner l'exclusion à aucun genre, comme si le faux, le frivole et l'insipide méritaient ce nom.

DÉMOSTHÈNES.

Il y a plus, mon cher Isocrate, on ne se contente pas de dire des choses sensées, on veut dire des choses nouvelles.

ISOCRATE.

Mais ce soin serait-il blâmable? les hommes ont-ils besoin qu'on les entretienne de ce qu'ils savent?

DÉMOSTHÈNES.

Oui, très-grand besoin; car il n'y a rien qu'ils ne puissent mieux posséder qu'ils ne le possèdent, et il n'y a rien non plus qu'un homme éloquent ne puisse rajeunir par ses expressions.

ISOCRATE.

Selon vous, rien n'est usé ni pour le peuple, ni pour ses maîtres.

DÉMOSTHÈNES.

Je dis plus, mon cher Isocrate; l'éloquence ne

doit guère s'exercer que sur les vérités les plus
palpables et les plus connues. Le caractère des
grandes vérités; est l'antiquité : l'éloquence qui
ne roule que sur des pensées fines (1) ou abstraites, dégénère en subtilité. Il faut que les grands
écrivains imitent les pasteurs des peuples ; ceux-
ci n'annoncent point aux hommes une nouvelle
doctrine et de nouvelles vérités. Il ne faut pas
qu'un écrivain aie plus d'amour-propre; s'il a
en vue l'utilité des hommes, il doit s'oublier, et
ne parler que pour enseigner des choses utiles.

ISOCRATE.

Je n'ai point suivi, mon cher maître, ces
maximes. J'ai cherché, au contraire, avec beaucoup de soin à m'écarter des maximes vulgaires.
J'ai voulu étonner les hommes en leur présentant
sous de nouvelles faces les choses qu'ils croyaient
connaître. J'ai dégradé ce qu'ils estimaient, j'ai
loué ce qu'ils méprisaient ; j'ai toujours pris le
côté contraire des opinions reçues, sans m'embarrasser de la vérité; je me suis moqué surtout
de ce qu'on traitait sérieusement. Les hommes
ont été la dupe de ce dédain affecté; ils m'ont cru
supérieur aux choses que je méprisais : je n'ai

(1) *Fines* et non *fixes*, comme on lit dans la première édition. ÉDIT.

rien établi ; mais j'ai tâché de détruire. Cela
m'a fait un grand nombre de partisans, car les
hommes sont fort avides de nouveautés.

DÉMOSTHÈNES.

Vous aviez l'esprit fin, ingénieux, profond.
Vous ne manquiez pas d'imagination. Vous saviez
beaucoup. Vos ouvrages sont pleins d'esprit, de
traits, d'élégance, d'érudition. Vous aviez un
génie étendu qui se portait également à beaucoup
de choses. Avec de si grands avantages, vous ne
pouviez manquer d'imposer à votre siècle, dans
lequel il y avait peu d'hommes qui vous éga-
lassent.

ISOCRATE.

J'avais peut-être une partie des qualités que
vous m'attribuez ; mais je manquais d'élévation
dans le génie, de sensibilité et de passions. Ce
défaut de sentiment a corrompu mon jugement
sur beaucoup de choses ; car, lorsqu'on a un peu
d'esprit, on croit être en droit de juger de tout.

DÉMOSTHÈNES.

Vous avouez là des défauts que je n'aurais jamais osé vous faire connaître.

ISOCRATE.

Je n'aurais pas pardonné, tant que j'ai vécu,

à quiconque aurait eu la hardiesse de me les
découvrir. Les hommes desirent souvent qu'on
leur dise la vérité ; mais il y a beaucoup de
vérités qui sont trop fortes pour eux, et qu'ils
ne sauraient supporter. Il y en a même qu'on ne
peut pas croire, parce qu'on n'est point capable
de les sentir : ainsi on demande à ses amis qu'ils
soient sincères, et lorsqu'ils le sont, on les croit
injustes ou aveugles, et on s'éloigne d'eux ; mais
ici on est guéri de toutes les vaines délicatesses,
et la vérité ne blesse plus. Mais revenons à notre
sujet ; dites-moi quelles sont les qualités que
vous exigeriez (1) dans un orateur.

DÉMOSTHÈNES.

Je vous l'ai déjà dit : un grand génie, une forte
imagination, une ame sublime. Je voudrais donc
qu'un homme qui est né avec cette supériorité
de génie qui porte à vouloir régner sur les esprits,
approfondît d'abord les grands principes de la
morale ; car toutes les disputes des hommes ne
roulent que sur le juste et l'injuste, sur le vrai et
le faux ; et l'éloquence est la médiatrice des
hommes, qui termine toutes ces disputes. Je
voudrais qu'un homme éloquent fût en état de

(1) On lit dans le manuscrit *exigeriez* et non *exigez*, comme
dans l'édition de 1820. ÉDIT.

pousser toutes ces idées au-delà de l'attente de
ceux qui l'écoutent, qu'il sortît des limites de
leur jugement, et qu'il les maîtrisât par ses lumières, dans le même temps qu'il les domine par
la force de son imagination et par la véhémence
de ses sentimens. Il faudrait qu'il fût grand et
simple, énergique et clair, véhément sans déclamation, élevé sans ostentation, pathétique et
fort sans enflure. J'aime encore qu'il soit hardi
et qu'il soit capable de prendre un grand essor;
mais je veux qu'on soit forcé de le suivre dans
ses écarts, qu'il sorte naturellement de son sujet,
et qu'il y rentre de même, sans le secours de ces
transitions languissantes et méthodiques qui re-
froidissent les meilleurs discours. Je veux qu'il
n'aie jamais d'art, ou du moins que son art
consiste à peindre la nature plus fidèlement, à
mettre les choses à leur place, à ne dire que ce
qu'il faut, et de la manière qu'il le faut. Tout
ce qui s'écarte de la nature est d'autant plus
défectueux qu'il s'en éloigne davantage. Le sublime, la véhémence, le raisonnement (1), la
magnificence, la simplicité, la hardiesse, toutes
ces choses ensemble ne sont que l'image d'une
nature forte et vigoureuse : quiconque n'a point

(1) Le *raisonnement* et non le *discernement*, comme on lit
dans la première édition. ÉDIT.

cette nature ne peut l'imiter. C'est pourquoi il vaut mieux écrire froidement, que de se guinder et de se tourmenter pour dire ou de grandes choses ou des choses passionnées.

ISOCRATE.

Je pense bien comme vous, mon cher Démosthènes ; mais cela étant ainsi, les règles deviennent inutiles. Les hommes sans génie ne peuvent les pratiquer, et les autres les trouvent dans leur propre fonds, dont elles ont été tirées.

DÉMOSTHÈNES.

Quelque génie qu'on puisse avoir, on a besoin de l'exercer et de le corriger par la réflexion et par les règles, et les préceptes ne sont point inutiles.

ISOCRATE.

Quelle est donc la manière la plus courte de s'exercer à l'éloquence ?

DÉMOSTHÈNES.

La conversation, lorsque l'on s'y propose quelque objet.

ISOCRATE.

Ainsi, c'est en traitant de ses plaisirs et de

ses affaires, en négociant journellement avec
les hommes, qu'on peut s'instruire de cet art
aimable.

DÉMOSTHÈNES.

Oui, c'est dans ce commerce du monde qu'on
puise ces tours naturels, ces insinuations, ce
langage familier, cet art de se proportionner à
tous les esprits, qui demande un génie si vaste.
C'est là qu'on apprend sans effort à déployer les
ressources de son esprit et de son ame : l'imagination s'échauffe par la contradiction ou par l'intérêt, et fournit un grand nombre de figures et
de réflexions pour persuader.

ISOCRATE.

Cependant, mon cher Démosthènes, je crois
qu'il faut aussi un peu de solitude et d'habitude
d'écrire dans son cabinet : c'est dans le silence
de la retraite que l'ame, plus à soi et plus re-
cueillie, s'élève à ces grandes pensées et à cet
enthousiasme naturel qui transportent l'esprit,
mènent au sublime, et produisent tous ces grands
mouvemens que l'art n'a jamais excités. La lecture des grands poètes n'y est pas inutile; mais
il faut avoir le génie poétique pour saisir leur
esprit, et il faut en même temps avoir de la

sagesse pour accorder leur style à la simplicité des sujets qu'on traite ; ainsi voilà bien des mérites à rassembler. Mais après tout cela, mon cher Démosthènes, on ne persuadera jamais au peuple que l'éloquence soit un art utile.

DÉMOSTHÈNES.

Je prétends qu'il n'en est aucun qui le soit davantage : il n'y a ni plaisir, ni affaire, ni conversation, ni intrigue, ni discours public, où l'éloquence n'ait de l'autorité ; elle est nécessaire aux particuliers, dans tous les détails de la vie ; elle est plus nécessaire aux gens en place, parce qu'elle leur sert à mener les esprits, à colorer leurs intentions, à gouverner les peuples, à négocier avec avantage vis-à-vis des étrangers : de plus elle répand sur toute une nation un grand éclat, elle éternise la mémoire des grandes actions. Les étrangers sont obligés de chercher dans ses ouvrages l'art de penser et de s'exprimer ; elle élève et instruit en même temps l'esprit des hommes ; elle fait passer peu à peu dans leurs pensées la hauteur et les sentimens qui lui sont propres. Les hommes qui pensent grandement et fortement sont toujours plus disposés que les autres à se conduire avec sagesse et avec courage.

ISOCRATE.

Je desire plus que personne que les hommes
puissent vous croire.

DÉMOSTHÈNES.

Ils ne me croiront point, mon cher Isocrate ;
car il y a bien des raisons pour que l'éloquence
ne se relève jamais. Mais la vérité est indépendante des opinions et des intérêts des hommes ;
et enfin le nombre de ceux qui peuvent goûter
de certaines vérités est bien petit ; mais il mérite qu'on ne le néglige pas, et c'est pour lui seul
qu'il faut écrire.

DIALOGUE V.

PASCAL ET FÉNÉLON.

FÉNÉLON.

Dites-moi, je vous prie, génie sublime, ce que vous pensez de mon style ?

PASCAL.

Il est enchanteur, naturel, facile, insinuant. Vous avez peint les hommes avec vérité, avec feu, et avec grâce : les caractères de votre *Télémaque* sont très-variés ; il y en a de grands, et même de forts, quoique ce ne fût point votre étude de les faire tels. Vous ne vous êtes point piqué de rassembler en peu de mots tous les traits de vos caractères ; vous avez laissé courir votre plume, et donné un libre essor à votre imagination vive et féconde.

FÉNÉLON.

J'ai cru qu'un portrait rapproché annonçait trop d'art. Il ne m'appartenait point d'être en même temps concis et naturel ; je me suis borné

à imiter la naïveté d'une conversation facile où
l'on présente, sous des images différentes, les
mêmes pensées, pour les imprimer plus vivement dans l'esprit des hommes.

PASCAL.

Cela n'a pas empêché qu'on ne vous ait reproché quelques répétitions ; mais il est aisé de
vous excuser. Vous n'écriviez que pour porter les
hommes à la vertu et à la piété ; vous ne croyiez
point qu'on pût trop inculquer de telles vérités,
et vous vous êtes trompé en cela ; car la plupart
des hommes ne lisent que par vanité et par curiosité. Ils n'ont aucune affection pour les meilleures choses, et ils s'ennuient bientôt des plus
sages instructions.

FÉNÉLON.

J'ai eu tort, sans doute, de plusieurs manières ;
j'avais fait un système de morale ; j'étais comme
tous les esprits systématiques qui ramènent sans
cesse toutes choses à leurs principes.

PASCAL.

J'ai fait un système tout comme vous, et, en
voulant ramener à ce système toutes choses, je

me suis peut-être écarté quelquefois de la vérité, et on ne me l'a point pardonné.

FÉNÉLON.

Au moins ne s'est-il trouvé encore personne qui n'ait rendu justice à votre style. Vous aviez joint à la naïveté du vieux langage une énergie qui n'appartient qu'à vous et une brièveté pleine de lumière; vos images étaient fortes, grandes et pathétiques. Mais ce qu'il y a eu d'éminent en vous, ce en quoi vous avez surpassé tous les hommes, c'est dans l'art de mettre chaque chose à sa place, de ne jamais rien dire d'inutile, de présenter la vérité dans le plus beau jour qu'elle pût recevoir, de donner à vos raisonnemens une force invincible, d'épuiser en quelque manière vos sujets sans être jamais trop long, et enfin de faire croître l'intérêt et la chaleur de vos discours jusqu'à la fin. Aussi Despréaux a-t-il dit que vous étiez également au-dessus des anciens et des modernes, et beaucoup de gens sensés sont persuadés que vous aviez plus de génie pour l'éloquence que Démosthènes.

PASCAL.

Vous me surprenez beaucoup; je n'ai vu encore personne qui ait égalé les modernes aux anciens pour l'éloquence.

FÉNÉLON.

Connaissez-vous la majesté et la magnificence de Bossuet ? croyez-vous qu'il n'ait pas surpassé, au moins en imagination, en grandeur et en sublimité, tous les Romains et les Grecs ? *Vous étiez mort avant qu'il parût dans le monde* (1) ; et vous n'avez point vu ces oraisons funèbres admirables où il a égalé peut-être les plus grands poètes, et par cet enthousiasme singulier dont elles sont pleines, et par cette imagination toujours renaissante qui n'a été donnée qu'à lui, et par les grands mouvemens qu'il sait exciter, et enfin par la hardiesse de ses transitions, qui plus naturelles que celles de nos odes, me paraissent aussi surprenantes et plus sublimes.

PASCAL.

J'ai encore ouï parler ici avec estime de son *Discours sur l'Histoire universelle.*

FÉNÉLON.

C'est peut-être le plus grand tableau qui soit

(1) Pascal (Blaise), né à Clermont en Auvergne le 19 juin 1623, mourut à Paris le 19 août 1662. — Bossuet (Jacques-Bénigne) naquit à Dijon en 1627, mourut à Meaux, le 12 avril 1704. ÉDIT.

sorti de la main des hommes; mais il n'est pas si admirable dans tous ses ouvrages. Il a fait une *Histoire des variations* qui est estimable; mais si vous aviez traité le même sujet, vous auriez réduit ses quatre volumes à un seul, et vous auriez combattu les hérésies avec plus de profondeur et plus d'ordre; car ce grand homme ne peut vous être comparé du côté de la force du raisonnement et des lumières de l'esprit; aussi a-t-il fait une foule d'autres ouvrages que vous n'auriez pas même daigné lire. C'est que les plus grands génies manquent tous par quelque endroit; mais il n'y a que les petits esprits qui prennent droit de les mépriser pour leurs défauts.

PASCAL.

Tout ce que vous me dites me paraît vrai; mais permettez-moi de vous demander ce que c'est qu'un certain évêque qu'on a égalé à Bossuet pour l'éloquence.

FÉNÉLON.

Vous voulez parler sans doute de Fléchier (1);

(1) *Fléchier* (Esprit), né le 10 juin 1632 à Pernes, petite ville du diocèse de Carpentras, devint en 1687 évêque de Nîmes, et mourut à Montpellier le 16 février 1710. ÉDIT.

c'est un rhéteur qui écrivait avec quelque élégance, qui a semé quelques fleurs dans ses écrits, et qui n'avait point de génie. Mais les hommes médiocres aiment leurs semblables, et les rhéteurs le soutiennent encore dans le déclin de sa réputation.

PASCAL.

N'y a-t-il point sous le beau règne de Louis XIV d'autre écrivain de prose, de génie?

FÉNÉLON.

C'est un mérite qu'on ne peut refuser à La Bruyère (1). Il n'avait ni votre profondeur, ni l'élévation de Bossuet, ni les grâces que vous me trouvez; mais il était un peintre admirable.

PASCAL.

En vérité ce nombre est bien petit; mais le génie est rare dans tous les temps et dans tous les genres : on a vu passer plusieurs siècles sans qu'il parût un seul homme d'un vrai génie.

(1) *La Bruyère* (Jean de) naquit près de Dourdan, ville du Hurepoix, en 1639, publia en 1687 son livre des *Caractères*, fut reçu à l'Académie Française en 1696, et mourut en 1699. Quelques biographes, et entre autres Voltaire, le font naître en 1644, et mourir en 1696. Le président Hénault désigne aussi l'année 1696 comme celle de sa mort. ÉDIT.

DIALOGUE VI.

MONTAGNE ET CHARRON.

CHARRON.

Expliquons-nous, mon cher Montagne (1), puisque nous le pouvons présentement. Que vouliez-vous insinuer quand vous avez dit : *Plaisante justice qu'une rivière ou une montagne borne ! Vérité au-delà des Pyrénées, erreur au-deçà ?* Avez-vous prétendu qu'il n'y eût pas une vérité et une justice réelle ?

MONTAGNE.

J'ai prétendu, mon cher ami (2), que la plupart des lois étaient arbitraires, que le caprice des

(1) *Montagne* (Michel de), plus souvent désigné sous le nom de Montaigne, naquit au château de ce nom, dans le Périgord, le 8 février 1538, de Pierre Eyquem, écuyer, seigneur de Montagne, maire de la ville de Bordeaux. Nous avons de lui le livre admirable qu'il a publié sous le modeste titre d'*Essais*. Il mourut le 15 septembre 1592. Édit.

(2) *Charron* (Pierre), auteur du livre de *la Sagesse*, fils du libraire Thibault Charron, naquit à Paris en 1541, et mourut subitement d'apoplexie en 1603. Édit.

3.

hommes les avait faites ou que la violence les avait imposées. Ainsi elles se sont trouvées fort différentes selon les pays, et quelquefois très-peu (1) conformes aux lois de l'équité naturelle. Mais comme il n'est pas possible que l'égalité se maintienne parmi les hommes, je prétends que c'est justement qu'on soutient les lois de son pays, et que c'est à bon titre qu'on en fait dépendre la justice. Sans cela, il n'y aurait plus de règle dans la société, ce qui serait un plus grand mal que celui des particuliers lésés par les lois.

CHARRON.

Mais, dites-moi, parmi ces lois et ces coutumes différentes, croyez-vous qu'il s'en trouve quelques unes de plus conformes à la raison et à l'équité naturelle que les autres ?

MONTAGNE.

Oui, mon ami, je le crois ; et cependant je ne pense pas que ce fût un bien de changer celles qui paraissent moins justes. Car, en général, le genre humain souffre moins des lois injustes que du changement des lois ; mais il y a des occasions et des circonstances qui le demandent.

(1) On lit dans le manuscrit *très-peu conformes,* et non *trop peu.* ÉDIT.

CHARRON.

Et quelles sont ces circonstances où l'on peut justement et sagement changer les lois?

MONTAGNE.

C'est sur quoi il est difficile de donner des règles générales. Mais les bons esprits, lorsqu'ils sont instruits de l'état d'une nation, sentent ce que l'on peut et ce qu'on doit tenter ; ils connaissent le génie des peuples, leurs besoins, leurs vœux, leur puissance ; ils savent quel est l'intérêt général et dominant de l'État ; ils règlent là-dessus leurs entreprises et leur conduite.

CHARRON.

Il faut avouer qu'il y a bien peu d'hommes assez habiles pour juger d'un si grand objet, peser les fruits et les inconvéniens de leurs démarches, et embrasser d'un coup d'œil toutes les suites d'un gouvernement qui influe quelquefois sur plusieurs siècles, et qui est assujéti pour son succès à la disposition et au ministère des États voisins.

MONTAGNE.

C'est ce qui fait, mon cher Charron, qu'il y

a si peu de grands rois et de grands ministres.

CHARRON.

S'il vous fallait choisir entre les hommes qui ont gouverné l'Europe depuis quelques siècles, auquel donneriez-vous la préférence ?

MONTAGNE.

Je serais bien embarrassé. Charles-Quint, Louis XII, Louis XIV, le cardinal de Richelieu, le chancelier Oxenstiern (1), le duc d'Olivarès (2), Sixte-Quint et la reine Elisabeth ont tous gouverné avec succès et avec gloire, mais avec des principes, des moyens et une politique différente.

(1) *Oxenstiern* (Axel), grand-chancelier de Suède, premier ministre du roi Gustave-Adolphe, naquit en 1583, et mourut à l'âge de soixante-onze ans, en 1654. La mort de Gustave-Adolphe, tué à la bataille de Lutzen en 1632, laissa reposer sur lui tout le fardeau des affaires ; il déploya dans cette circonstance difficile un caractère qui l'a placé au rang des plus grands hommes d'État. ÉDIT.

(2) *Olivarès* (Gaspard de Guzman, comte d'), duc de San-lucar, naquit à Rome, où son père était ambassadeur d'Espagne auprès du pape Sixte-Quint. L'inflexibilité de son caractère le fit comparer à Néron. Très-jeune encore, il étudiait alors dans l'université de Salamanque, il laissa échapper un mot qui suffit à lui seul pour peindre son caractère ambitieux. *J'apprends ici,* dit-il à son cousin qui étudiait avec lui, *j'apprends à gouverner le royaume, me destinant à guider un jour les rois.* ÉDIT.

CHARRON.

C'est que l'état, la puissance, les mœurs, la religion, etc., des peuples qu'ils gouvernaient différaient aussi beaucoup, et qu'ils ne se sont point trouvés dans les mêmes circonstances.

MONTAGNE.

Quand ils se seraient trouvés dans la même position, et qu'ils auraient eu à gouverner dans les mêmes circonstances les mêmes peuples, il ne faut pas croire qu'ils eussent suivi les mêmes maximes et formé les mêmes plans; car il ne faut pas croire qu'on soit assujéti à un seul plan pour régner avec gloire. Chacun, en suivant son génie particulier, peut exécuter de grandes choses. Le cardinal Ximenès (1) n'aurait point gouverné la France comme celui de Richelieu (2), et l'aurait vraisemblablement bien gouvernée. Il y a plusieurs moyens d'arriver au même but.

(1) *Ximenès* (don François), né à Torrelaguna dans la Vieille-Castille en 1437, devint archevêque de Tolède en 1495. Le roi Ferdinand-le-Catholique, dont il avait été ministre, le nomma en mourant régent de Castille. Il mourut empoisonné le 8 novembre 1517. ÉDIT.

(2) *Comme celui de Richelieu;* cette incorrection se trouve dans le manuscrit; il faudrait répéter *le cardinal*, ou dire, *comme Richelieu.* ÉDIT.

*

On peut même se proposer un but différent, et
que celui qu'on se propose et celui qu'on néglige
soient accompagnés de biens et d'inconvéniens
égaux ; car vous savez qu'il y a en toutes choses
des inconvéniens inévitables.

DIALOGUE VII.

UN AMÉRICAIN ET UN PORTUGAIS.

L'AMÉRICAIN.

Vous ne me persuaderez point. Je suis très-convaincu que votre luxe, votre politesse et vos arts n'ont fait qu'augmenter nos besoins, corrompre nos mœurs, allumer davantage notre cupidité, en un mot, corrompu la nature dont nous suivions les lois avant de vous connaître.

LE PORTUGAIS.

Mais qu'appelez-vous donc les lois de la nature ? Suiviez-vous en toutes choses votre instinct ? Ne l'aviez-vous pas assujéti à de certaines règles pour le bien de la société ?

L'AMÉRICAIN.

Oui, mais ces règles étaient conformes à la raison.

LE PORTUGAIS.

Je vous demande encore ce que vous appelez

la raison. N'est-ce pas une lumière que tous les hommes apportent au monde en naissant ? Cette lumière ne s'augmente-t-elle point par l'expérience, par l'application ? n'est-elle pas plus vive dans quelques esprits que dans les autres ? De plus, ce concours de réflexions et l'expérience d'un grand nombre d'hommes ne donne-t-il pas plus d'étendue et plus de vivacité à cette lumière ?

L'AMÉRICAIN.

Il y a quelque chose de vrai à ce que vous dites. Cette lumière naturelle peut s'augmenter, et la raison par conséquent se perfectionner.....

LE PORTUGAIS.

Si cela est ainsi, voilà la source de nouvelles lois ; voilà de nouvelles règles prescrites à l'instinct, et par conséquent un changement avantageux dans la nature. Je parle ici de la nature de l'homme, qui n'est autre chose que le concours de son instinct et de sa raison.

L'AMÉRICAIN.

Mais nous appelons la nature le sentiment et non la raison.

LE PORTUGAIS.

Est-ce que la raison n'est pas naturelle à

l'homme comme le sentiment ? N'est-il pas né
pour réfléchir comme pour sentir ? et sa nature
n'est-elle pas composée de ces deux qualités ?

L'AMÉRICAIN.

Oui, j'en veux bien convenir ; mais je crois
qu'il y a un certain degré au-delà duquel la
raison s'égare lorsqu'elle veut pénétrer. Je crois
que le genre humain est parvenu de bonne heure
à ce point de lumière qui est à la raison ce que la
maturité est aux fruits.

LE PORTUGAIS.

Vous comparez donc le génie du genre humain
à un grand arbre qui n'a porté des fruits mûrs
qu'avec le temps, mais qui ensuite a dégénéré et
a perdu sa fécondité avec sa force ?

L'AMÉRICAIN.

Cette comparaison me paraît juste.

LE PORTUGAIS.

Mais qui vous a dit que vous eussiez atteint en
Amérique ce point de maturité ? qui vous a dit
qu'après l'avoir acquis, vous ne l'aviez pas perdu ? Ne pourrais-je pas comparer les arts que
nous vous avons apportés d'Europe, à la douce

influence du printemps qui ranime la terre languissante, et rend aux plantes leurs fleurs et leurs fruits ? L'ignorance et la barbarie avaient ravagé la raison dans vos contrées comme l'hiver désole les campagnes. Nous vous avons rapporté la lumière que la barbarie avait éteinte dans vos. âmes.

L'AMÉRICAIN.

Je prétends, au contraire, que vous avez obscurci celle dont nous jouissions. Mais je sens que j'aurais de la peine à vous en convaincre; il faudrait entrer dans de grands détails. Et enfin, n'ayant point vécu dans les mêmes principes et dans les mêmes habitudes, nous aurions de la peine à nous accorder sur ce qu'on nomme la vérité, la raison et le bonheur.

LE PORTUGAIS.

Nous aurions moins de disputes là-dessus que vous ne pensez ; car je conviendrais de très-bonne foi que la coutume peut plus que la raison même pour le bien des hommes, et que la nature, le bonheur, la vérité même dépendent infiniment d'elle. Mais je suis content des principes que vous m'accordez. Il me suffit que vous croyiez que la nature a pu recevoir du temps sa maturité et sa perfection, ainsi que tous les autres êtres de la terre; car nous ne voyons rien qui n'ait sa croissance (1), sa maturité, ses changemens et son déclin. Mais il ne m'appartient point de déterminer si les arts et la politesse ont apporté le vrai bien aux hommes, et enfin si la nature humaine a attendu long-temps sa perfection, et en quel lieu ou en quel siècle elle y est parvenue.

(1) *Croissance*, et non *connaissance*, comme on le lit dans la première édition, celle de 1820. ÉDIT.

DIALOGUE VIII.

PHILIPPE SECOND ET COMINES.

PHILIPPE SECOND.

On dit que vous avez écrit l'histoire de votre maître (1). Mais comment pouvez-vous le justifier de sa familiarité avec des gens de basse extraction?

COMINES.

Le roi Louis XI était populaire (2) et accessible. Il avait à la vérité de la hauteur, mais sans

(1) *Comines* (Philippe de La Clite de), d'autres écrivent à tort *Commines*, historien de Louis XI, naquit au château de ce nom, à quelques lieues de Lille, en 1445, et mourut en 1509 au château d'Argenton, le 17 août, suivant Swertius, le 17 octobre, suivant Vossius. ÉDIT.

(2) Oui, sans doute, il fut populaire; mais aussi ce fut un tyran soupçonneux, implacable dans ses vengeances, avide du sang des grands, et qui mérite à tous égards le nom du *Tibère de la France*. Cependant il est juste de dire pour sa défense, qu'il avait à combattre la féodalité qui avait jeté de si profondes racines en France, que les grands étaient presque devenus des rois, et avaient réduit les maîtres de l'État à plier devant eux au gré de leurs caprices; et ce fut envers eux seuls que Louis XI fut cruel et soupçonneux. ÉDIT.

cette fierté sauvage qui fait mépriser aux princes tous les autres hommes. Le roi, mon maître, ne se bornait point à connaître sa cour et les grands du royaume ; il connaissait le caractère et le génie des ministres et des princes étrangers ; il avait des correspondances dans tous les pays ; il avait continuellement les yeux ouverts sur le genre humain, sur toutes les affaires de l'Europe ; il recherchait le mérite dans les sujets les plus obscurs ; il savait vivre familièrement avec ses sujets sans perdre rien de sa dignité, et sans rien relâcher de l'autorité de sa couronne. Les princes faibles et vains comme vous ne voient que ce qui les approche ; ils ne connaissent jamais que l'extérieur des hommes, ils ne pénètrent jamais le fond de leur cœur ; et comme ils ne les connaissent point assez, ils ne savent point s'en servir. Louis XI choisissait lui-même tous les gens qu'il employait dans les affaires. Il avait une ame profonde qui ne pouvait se contenter de connaître superficiellement les dehors des hommes, et de quelques hommes ; il aimait à descendre dans les derniers replis du cœur ; il cherchait dans tous les états des gens d'esprit ; il démêlait leurs talens, il les employait. Pour tout cela, vous sentez bien qu'il fallait se familiariser avec les hommes. C'était dans ce commerce familier, dans

ces soupers qu'il faisait à Paris avec la bour-
geoisie, dans les entretiens secrets qu'il avait avec
des personnes de tous les états, qu'il apprenait à
déployer toutes les ressources de son génie, qu'il
tirait du fond du cœur de ses sujets la vérité,
qu'on cache aux princes orgueilleux et impraticables. C'est ainsi qu'il avait cultivé ce génie
simple et pénétrant qu'il avait reçu de la nature :
aussi s'était-il rendu plus habile qu'aucun des
ministres qu'il employait. Il était l'ame de tous
ses conseils ; savait tout ce qui se passait dans
son État ; avait un esprit vaste qui ne perdait
point de vue les petits objets au milieu des
grandes affaires ; qui suivait tout, qui voyait
tout, qui ne laissait rien échapper. C'était une
ame qui, par son activité et son étendue, parais-
sait se multiplier pour suffire à tout ; qui jouissait
véritablement de la royauté, parce qu'il animait
tous les ressorts de son Empire, et qu'il suivait
toutes choses jusqu'à leur racine. Un esprit borné
et pesant ne voit que ce qui l'environne ; il ne
regarde jamais ni le passé, ni l'avenir ; il voit
disparaître autour de lui ses amis, ses supports,
ses connaissances presque sans s'en apercevoir.
Son ame est toute concentrée sur elle-même ; elle
ne sort point de la sphère étroite que la nature
lui a prescrite ; elle s'appesantit sur elle-même ;

tous les événemens du monde passent devant elle comme des songes légers qui se perdent sans retour. Une grande ame au contraire ne perd rien de vue ; le passé, le présent et l'avenir sont immobiles devant ses yeux. Elle porte (1) sa vue loin d'elle ; elle embrasse cette distance énorme qui est entre les grands et le peuple, entre les affaires générales de l'univers et les intérêts des particuliers les plus obscurs (2) ; elle incorpore à soi toutes les choses de la terre ; elle tient à tout ; tout la touche : rien ne lui est étranger ; ni la différence infinie des mœurs, ni celle des conditions, ni celle des pays, ni la distance des temps ne l'empêchent de rapprocher toutes les choses humaines, de s'unir d'intérêt à tout. Mais les hommes de ce caractère ne font rien d'inutile, savent employer tout leur temps, ont un esprit vif qui rencontre d'abord le nœud et la source (3) de chaque chose, qui marche légèrement et rapidement.

(1) Le manuscrit dit *elle porte* et non *elle jette*, comme la première Édition. ÉDIT.

(2) On lit dans le manuscrit *les intérêts des particuliers les plus obscurs*. Cette version est altérée dans l'édition de 1820. ÉDIT.

(3) Nous n'entreprenons pas l'*errata* de la première édition, mais nous devons rétablir ces mots, *et la source*, passés à l'impression. ÉDIT.

DIALOGUE IX.

CÉSAR ET BRUTUS.

CÉSAR.

Mon ami, pourquoi me fuis-tu? N'as-tu pas éteint dans mon sang la haine que tu m'as portée?

BRUTUS.

César, je ne t'ai point haï. J'estimais ton génie, ton courage.

CÉSAR.

Mais je t'aimais tendrement, et tu m'as arraché la vie.

BRUTUS.

C'est une cruauté barbare où j'ai été poussé par l'erreur de la gloire et par les principes d'une vertu fausse et farouche.

CÉSAR.

Tu étais né humain et compatissant : tu n'as été cruel que pour moi seul, qui t'aimais avec tendresse.

BRUTUS.

D'où naissait dans ton cœur cette amitié que j'avais si peu méritée (1)?

CÉSAR.

Ta jeunesse m'avait séduit, et ton ame fière et sensible avait touché la mienne.

BRUTUS.

J'ai fait ce que j'ai pu pour reconnaître ta bonté pour moi : je me reprochais mon ingratitude ; je sentais que tu méritais d'être aimé ; tu me faisais pitié lorsque je songeais à t'immoler à la liberté, et je me reprochais ma barbarie.

CÉSAR.

Et avec tout cela je n'ai jamais fléchi ton cœur.

BRUTUS.

Je n'ai jamais pu t'aimer : ton génie, ton âge, le mien, te donnaient sur moi trop d'ascendant. Je t'admirais, et je ne t'aimais point.

CÉSAR.

Est-ce que l'estime empêche l'amitié ?

(1) On lit dans l'édition de 1820, *que j'avais peu méritée* ; la leçon du manuscrit est, *que j'avais si peu méritée*. ÉDIT.

4.

BRUTUS.

Non, mais le respect l'affaiblit; et peut-être qu'il y a un âge où l'on ne peut plus être aimé.

CÉSAR.

Tu dis vrai : le mérite inspire du respect; mais il n'y a que la jeunesse qui soit aimable. C'est une vérité affreuse. Il est horrible d'avoir encore un cœur sensible à l'amitié, et d'être privé des grâces qui l'inspirent.

BRUTUS.

Voilà la source de l'ingratitude des jeunes gens. L'amitié de leurs parens, de leurs bienfaiteurs leur est souvent onéreuse. Cependant je crois que les belles ames peuvent surmonter leur instinct, ou sortir en ce point des règles générales.

CÉSAR.

La tienne était haute et sensible, et cependant.....

BRUTUS.

Je m'étais laissé imposer par les discours et la philosophie de Caton; j'aimais ardemment la gloire : cette passion étouffa dans mon cœur toutes les autres. Mais daigne croire qu'il m'en a coûté pour trahir ce que je devais à ton amitié et à ton mérite.

CÉSAR.

Va, je t'ai pardonné même en mourant. L'amitié va plus loin que la vertu, et passe en magnanimité la philosophie que tu as préférée.

BRUTUS.

Tu parles de l'amitié des grandes ames telles que la tienne. Mais ce pardon généreux que tu m'accordes augmente mon repentir ; et je n'ai de regret à la vie que par l'impuissance où me met la mort de te témoigner ma reconnaissance (1).

(1) Le caractère de Brutus me semble mieux apprécié par Shakspeare, quand il lui fait dire :

« S'il est dans cette assemblée quelque ami tendre de César, je
« lui dis que l'amour de Brutus pour César n'était pas moindre
« que le sien. Si cet ami demande pourquoi Brutus s'est élevé
« contre César, voici ma réponse : ce n'est pas que j'aimasse
« moins César, mais j'aimais Rome davantage. Vaudrait-il mieux
« à votre gré que César fût vivant et mourir tous esclaves, au
« lieu que César mort vous vivez tous libres? César m'aimait, je
« le pleure ; il fut heureux, je m'en réjouis ; il était vaillant, je
« l'honore ; mais il fut ambitieux, et je l'ai tué. Il y a en moi
« des larmes pour son amitié, du respect pour sa vaillance, de la
« joie pour sa fortune, et la mort pour son ambition. — Quel est
« ici l'homme assez abject pour vouloir être esclave? s'il en est

« un, qu'il parle, car pour lui je l'ai offensé. Quel est ici l'homme
« assez stupide pour ne vouloir pas être un Romain? s'il en est
« un, qu'il parle, car pour lui je l'ai offensé. Quel est ici l'homme
« assez vil pour ne pas aimer sa patrie? s'il en est un, qu'il
« parle, car pour lui je l'ai offensé. »

SHAKSPEARE, *Jules César, Acte III, Scène II.*

ÉDIT.

DIALOGUE X.

MOLIÈRE, ET UN JEUNE HOMME.

LE JEUNE HOMME.

JE suis charmé de vous voir, divin Molière. Vous avez rempli toute l'Europe de votre nom, et la réputation de vos ouvrages augmente de jour à autre dans le monde.

MOLIÈRE.

Je ne suis point touché, mon cher ami, de cette gloire. J'ai mieux connu que vous, qui êtes jeune, ce qu'elle vaut.

LE JEUNE HOMME.

Seriez-vous mécontent de votre siècle, qui vous devait tant ?

MOLIÈRE.

Quelques uns de mes contemporains m'ont rendu justice ; c'étaient même les meilleurs esprits : mais le plus grand nombre me regardait comme un comédien qui faisait des vers. Le prince me protégeait ; quelques courtisans m'aimaient; cependant j'ai souffert d'étranges humiliations.

LE JEUNE HOMME.

Cela est-il possible ? Je ne fais que de quitter le monde ; on y fait très-peu de cas des talens : mais j'y ai ouï dire que ceux qui avaient ouvert la carrière avaient joui de plus de considération.

MOLIÈRE.

Ceux qui ont ouvert la carrière en méritaient peut-être davantage, et en ont obtenu, comme je vous l'ai dit, des esprits justes ; mais elle n'a jamais été proportionnée à leur mérite, et a été contrepesée par de grands dégoûts.

LE JEUNE HOMME.

Sans doute ils étaient traversés, persécutés, colomniés par leurs envieux ; mais les gens en place et les grands ne leur rendaient-ils pas justice ?

MOLIÈRE.

Les grands riaient des querelles des auteurs : plusieurs se laissaient prévenir par les gens de lettres subalternes qu'ils protégeaient; ils avaient la faiblesse d'épouser leurs passions et leur injustice contre les grands hommes qui étaient moins dans leur dépendance.

LE JEUNE HOMME.

C'est au moins une consolation que la postérité vous ait rendu justice.

MOLIÈRE.

La postérité ne me la rendra point telle que j'ai pu la mériter. Ne vois-je pas ici les plus grands hommes de l'antiquité, Homère, Virgile, Euripide, qui sont encore poursuivis dans le tombeau par ce même esprit de critique qui les a dégradés pendant leur vie? Dans le même temps qu'ils sont adorés de quelques personnes sensées dont ils enchantent l'imagination, ils sont méprisés et tournés en ridicule par les esprits médiocres qui manquent de goût (1). Je voyais passer le Tasse, il y a quelques jours, suivi de quelques beaux esprits qui lui faisaient leur cour. Plusieurs ombres de grands seigneurs qui étaient avec moi, me demandèrent qui c'était? Sur cela le duc de Ferrare prit la parole,

(1) Si les grands génies de l'antiquité qui *enchantent l'imagination des personnes sensées, sont méprisés et tournés en ridicule par les médiocres,* je ne vois pas trop de quoi ils ont à se plaindre, et Molière avec eux : car, comme Vauvenargues l'a si bien dit lui-même dans la maxime 65, « Nous sommes moins offensés du mépris des sots que d'être médiocrement estimés des gens d'esprit. » Édit.

et répondit que c'était un poète auquel il avait
fait donner des coups de bâton pour châtier son
insolence. Voilà comme les gens du monde et les
grands savent honorer le génie.

LE JEUNE HOMME.

J'ai souvent ouï dans le monde de pareils discours, et j'en étais indigné. Car, enfin, qu'est-
ce qu'un grand poète, sinon un grand génie, un
homme qui domine les autres hommes par son
imagination, qui leur est supérieur en vivacité,
qui connaît, par un sentiment plein de lumière,
les passions, les vices et l'esprit des hommes ; qui
peint fidèlement la nature, parce qu'il la connaît
parfaitement, et qu'il a des idées plus vives de
toutes choses que les autres ; une ame qui est
capable de s'élever, un génie ardent, laborieux,
éloquent, aimable, qui ne se borne point à faire
des vers harmonieux, comme un charpentier fait
des cadres et des tables dans son atelier, mais qui
porte dans le commerce du monde son feu, sa
vivacité, son pinceau et son esprit, et qui conserve, par conséquent, parmi les hommes, le
même mérite qui le fait admirer dans son cabinet.

MOLIÈRE.

Les gens qui réfléchissent savent tout cela,

mon cher ami ; mais ces gens-là sont en petit
nombre.

LE JEUNE HOMME.

Hé ! pourquoi s'embarrasser des autres ?

MOLIÈRE.

Parce qu'on a besoin de tout le monde ; parce
qu'ils sont les plus forts ; parce qu'on en souffre
du mal quand on n'en reçoit pas de bien ; enfin,
parce qu'un homme qui a les vues un peu grandes
voudrait régner, s'il pouvait, dans tous les
esprits, et qu'on est toujours inconsolable de
n'obtenir que la moindre partie de ce qu'on mérite.

DIALOGUE XI.

RACINE ET BOSSUET.

BOSSUET.

Je récitais tout à l'heure, mon cher Racine, quelques uns de vos vers que je n'ai pas oubliés. Je suis enchanté de la richesse de vos expressions, de la vérité de votre pinceau et de vos idées, de votre simplicité, de vos images, et même de vos caractères qui sont si peu estimés ; car je leur trouve un très-grand mérite, et le plus rare, celui d'être pris dans la nature. Vos personnages ne disent jamais que ce qu'ils doivent, parlent avec noblesse, et se caractérisent sans affectation. Cela est admirable.

RACINE.

Je ne suis pas surpris que vous m'aimiez un peu. Je vous ai toujours admiré ; vous aviez le génie poétique et l'invention dans l'expression, qui est le talent même que mes ennemis sont obligés de m'accorder. Il y a plus d'impétuosité et de plus grands traits dans vos ouvrages que dans ceux des plus grands poètes.

BOSSUET.

Hélas ! mon ami, mes ouvrages ne sont presque plus connus que d'un très-petit nombre de gens de lettres et d'hommes pieux. Les matières que j'ai traitées ne sont nullement du goût des gens du monde.

RACINE.

Ils devraient du moins admirer vos oraisons funèbres.

BOSSUET.

Ce titre seul les rebute ; on n'aime ni les louanges, ni les choses tristes.

RACINE.

Que dites-vous donc ? je ne puis vous croire ; le genre dont nous parlons est le plus terrible : car les hommes ne sont effrayés que de la mort. Or, qu'est-ce que le sujet de vos oraisons funèbres, sinon la mort, c'est-à-dire, la seule chose qui inspire de la terreur à l'esprit humain ? Se pourrait-il que les hommes ne fussent pas frappés par des discours qui ne s'exercent que sur le sujet le plus frappant, et le plus intéressant pour l'humanité ? J'avais cru que c'était le véritable champ du pathétique et du sublime.

BOSSUET.

La nation française est légère ; on aime mieux le conte du *Bélier* (1) ou celui de *Joconde* (2) que tout ce pathétique dont vous parlez.

RACINE.

Si cela est, Corneille et moi, nous ne devons pas nous flatter de conserver long-temps notre réputation.

BOSSUET.

Vous vous trompez ; les bons auteurs du théâtre ne mourront jamais, parce qu'on les fait revivre tous les ans, et on empêche le monde de les oublier ; d'ailleurs les poètes se soutiennent toujours mieux que les orateurs, parce qu'il y a plus de gens qui font des vers qu'il n'y en a qui écrivent en prose ; parce que les vers sont plus faciles à retenir et plus difficiles à faire ; parce qu'enfin les poètes traitent des sujets toujours intéressans ; au lieu que les orateurs dont l'éloquence ne s'exerce ordinairement que sur de petits faits, périssent avec la mémoire de ces sujets mêmes.

(1) Conte d'Hamilton. ÉDIT.
(2) Conte de La Fontaine. ÉDIT.

RACINE.

Les vrais orateurs, comme vous, devraient du moins se soutenir par les grandes pensées qu'ils ont semées dans leurs écrits, par la force et la solidité de leurs raisonnemens : car tout cela doit se trouver dans un ouvrage d'éloquence. Nous autres poètes, nous pouvons quelquefois manquer par le fond des choses, si nous sommes harmonieux, si nous avons de l'imagination dans l'expression ; il nous suffit, d'ailleurs, de penser juste sur les choses de sentiment, et on n'exige de nous ni sagacité ni profondeur : il faut être un grand peintre pour être poète, mais on peut être un grand peintre, sans avoir une grande étendue d'esprit et des vues fines.

BOSSUET.

On peut aussi avoir cette étendue d'esprit, cette finesse, cette sagesse, cet art qui est nécessaire aux orateurs, et y joindre le charme de l'harmonie et la vivacité du pinceau : vous êtes la preuve de ce que je dis.

RACINE.

De même un orateur peut avoir toutes les parties d'un poète, et il n'y a même que l'har-

monie qui en fasse la différence ; encore faut-il
qu'il y ait une harmonie dans la bonne prose.

BOSSUET.

Je pense comme vous, et comme un grand
poète qui vous a suivi (1), mon cher Racine : la
poésie est l'*éloquence harmonieuse*.

RACINE.

L'auteur dont vous parlez est aussi éloquent
en prose qu'en vers ; il a cet avantage sur tous
les poètes, qui n'ont point su écrire en prose ;
ainsi on peut s'en rapporter à son jugement : c'est
lui qui a dit de vous, que vous étiez *le seul écri-*
vain français en prose qui fût éloquent (2). Si ce
grand homme ne s'est point trompé, il faudrait
convenir que le génie de l'éloquence est plus rare
que celui de la poésie.

(1) Voltaire. Édit.

(2) Vauvenargues, t. I, p. 198, nous donne comme positif ce
jugement de Voltaire sur Bossuet, et l'exprime de cette manière :
Bossuet, le seul éloquent entre tant d'écrivains qui ne sont
qu'élégans. On remarque bien que Voltaire, dans son *Temple*
du Goût, a donné, à Bossuet seul, l'épithète d'*éloquent ;* mais on
ne trouve dans aucune édition la phrase que cite Vauvenargues.
Voltaire, prenant en considération la critique de Vauvenargues,
n'aurait-il pas réformé dans ses œuvres un jugement dont il aurait reconnu la fausseté ? Édit.

BOSSUET.

Je ne crois pas qu'il soit moins commun, mais je crois qu'il l'est bien autant : les véritablement grands hommes dans tous les genres sont toujours très-rares.

RACINE.

Qu'appelez-vous, je vous prie, de grands hommes ?

BOSSUET.

Tous ceux qui surpassent les autres par le cœur et par l'esprit, qui ont la vue plus nette et plus fine, qui discernent mieux les choses humaines, qui jugent mieux, qui s'expriment mieux, qui ont l'imagination plus forte et le génie plus vaste.

RACINE.

Voilà en effet ce qui fait de très-grands hommes. De tels esprits sont faits pour s'estimer et pour s'aimer, malgré la différence de leur travail et de leurs objets ; c'est aux petits esprits à dégrader ou les uns ou les autres, selon le parti qu'ils ont pris ; comme ceux qui sont attachés à quelque faction décrient les chefs du parti contraire, tandis que ces mêmes chefs s'estiment et se craignent réciproquement.

DIALOGUE XII.

LE CARDINAL DE RICHELIEU ET LE GRAND CORNEILLE.

CORNEILLE.

Est-il vrai que votre Éminence ait été jalouse de mes écrits ?

RICHELIEU.

Pourquoi ne l'aurais-je pas été? un ministre de peu d'esprit aurait pu être assez ébloui de sa puissance pour mépriser vos talens ; mais, pour moi, je connaissais le prix du génie, et j'étais jaloux d'une gloire où la fortune n'avait point de part. Avais-je donc tant de tort?

CORNEILLE.

Cette jalousie honorait Corneille, et ne devait pas nuire à la réputation de son protecteur ; car vous daigniez l'être, et vous *récompensiez*, dit un auteur (1), *comme ministre, ce même génie*

(1) Voltaire a dit dans son *Commentaire sur Corneille* au sujet du mot *bienfaits* employé par l'auteur d'*Horace* dans l'Épître dédicatoire de cette pièce au cardinal de Richelieu : « *Ce mot*

dont vous étiez jaloux comme poète. La seule
chose qui m'ait étonné, c'est que votre Éminence
ait favorisé des écrivains indignes de sa protection (1).

RICHELIEU.

Je suis venu dans un mauvais temps, mon
cher Corneille ; il y avait peu de gens de mérite
pendant mon ministère, et je voulais encourager
les hommes à travailler, en accordant une protection marquée à tous les arts ; il est vrai que
je ne vous ai pas assez distingué : en cela je suis
très-blâmable.

CORNEILLE.

Moins que veut bien avouer votre Éminence.
Il est vrai que j'avais quelque génie ; mais je ne

bienfaits *fait voir que le cardinal de Richelieu savait récompen-
ser en premier ministre, ce même talent qu'il avait persécuté
dans l'auteur du Cid.*—Voltaire a encore dit quelque chose d'analogue dans le *Temple du Goût. Voyez* les Variantes de ce poème,
t. X, p. 188, de l'édition de ses œuvres complètes en 60 vol.,
Paris, Renouard, 1819. ÉDIT.

(1) On peut citer parmi ces écrivains Des Maréts, Colletet,
Faret et Chapelain. Il admit quelque temps le grand Corneille
dans cette troupe, mais le mérite de Corneille se trouva incom-
patible avec ces poètes, et il fut aussitôt exclus. Richelieu faisait
des vers, et ce fut même pour faire représenter la tragédie de
Mirame dont il avait donné le sujet, et dans laquelle il avait fait
plus de cinq cents vers, qu'il fit bâtir la salle du Palais-Royal. ÉDIT.

fus pas courtisan. J'avais naturellement cette
inflexibilité d'esprit que j'ai donnée si souvent à
mes héros. Comme eux, j'avais une vertu dure,
un esprit sans délicatesse, et trop resserré dans
les bornes de mon art; il n'est pas étonnant
qu'un grand ministre, accoutumé aux devoirs et
à la flatterie des plus puissans de l'État, ait négligé un homme de mon caractère.

RICHELIEU.

Ajoutez que je n'ai point connu tout ce que
vous valiez. Mon esprit était peut-être resserré,
comme le vôtre, dans les bornes de son talent.
Vous n'aviez pas l'esprit de la cour, et moi, je
n'avais pour les lettres qu'un goût défectueux.

DIALOGUE XIII.

RICHELIEU, MAZARIN.

MAZARIN *.

Est-il possible, mon illustre ami, que vous n'ayez jamais usé de tromperie dans votre ministère ?

RICHELIEU.

Hé! croyez-vous vous-même, mon cher cardinal, qu'on puisse gouverner les hommes sans les tromper ?

MAZARIN.

Je n'ai que trop montré, par ma conduite, que je ne le croyais pas ; mais on m'en a fait un grand crime.

RICHELIEU.

C'est que vous poussiez un peu trop loin la tromperie ; c'est que vous trompiez par choix et par faiblesse, plus que par nécessité et par raison.

* *Mazarin* (Jules), né à Piscina dans l'Abruzze le 14 juillet 1602, de la famille des Martinozzi, mourut le 9 mars 1661. Edit.

MAZARIN.

Je suivais en cela mon caractère timide et
défiant. Je n'avais pas assez de fermeté pour résister en face aux courtisans; mais je reprenais
ensuite par ruse ce que j'avais cédé par faiblesse.

RICHELIEU.

Vous étiez né avec un esprit souple, délié,
profond, pénétrant; vous connaissiez tout ce
qu'on peut tirer de la faiblesse des hommes, et
vous avez été bien loin dans cette science.

MAZARIN.

Oui, mais on m'a reproché de n'avoir pas
connu leur force.

RICHELIEU.

Très-injustement, mon ami. Vous la connaissiez et vous la craigniez; mais vous ne l'estimiez
point. Vous étiez vous-même trop faible pour
vous en servir ou pour la vaincre; et ne pouvant la combattre de front, vous l'attaquiez par
la finesse, et vous lui résistiez souvent avec
succès.

MAZARIN.

Cela est assez singulier, que je la méprisasse,
et que cependant je la craignisse.

RICHELIEU.

Rien n'est plus naturel, mon cher ami. Les hommes n'estiment guère que les qualités qu'ils possèdent.

MAZARIN.

Après tout cela, que pensez-vous de mon ministère et de mon génie?

RICHELIEU.

Votre ministère a souffert de justes reproches, parce que vous aviez de grands défauts. Mais vous aviez en même temps un esprit supérieur à ces défauts mêmes; vous joigniez à la vivacité de vos lumières une ambition vaste et invincible. Par là vous avez surmonté tous les obstacles de votre carrière, et vous avez exécuté de grandes choses.

MAZARIN.

Je ne laisse pas de reconnaître que vous aviez un génie supérieur au mien. Je vous surpassais peut-être en subtilité et en finesse; mais vous m'avez primé par la hauteur et par la vigoureuse hardiesse de votre ame.

RICHELIEU.

Nous avons bien fait l'un et l'autre; mais la fortune nous a bien servis.

MAZARIN.

Cela est vrai ; mais de moindres esprits n'auraient pas profité de leur fortune. La prospérité n'est qu'un écueil pour les ames faibles (1).

(1) Nous rapprochons ici le jugement de Voltaire sur ces deux grands ministres, de celui de Vauvenargues; le lecteur ne sera sans doute pas fâché de les comparer :

Richelieu, Mazarin, ministres immortels,
Jusqu'au trône élevés de l'ombre des autels,
Enfans de la Fortune et de la Politique,
Marcheront à grands pas au pouvoir despotique.
Richelieu, grand, sublime, implacable ennemi;
Mazarin, souple, adroit, et dangereux ami ;
L'un, fuyant avec art et cédant à l'orage ;
L'autre, aux flots irrités opposant son courage;
Des princes de mon sang ennemis déclarés;
Tous deux haïs du peuple et tous deux admirés;
Enfin, par leurs efforts ou par leur industrie,
Utiles à leurs rois, cruels à la patrie.

VOLTAIRE, Henriade, Chant VII, v. 335.

DIALOGUE XIV.

FÉNÉLON ET RICHELIEU.

FÉNÉLON (1).

JE n'ai qu'une seule chose à vous reprocher, votre ambition sans bornes et sans délicatesse.

RICHELIEU.

C'est cette ambition des grands hommes, aimable philosophe, qui fait la grandeur des États.

FÉNÉLON.

C'est elle aussi qui les détruit et qui les abîme sans ressource.

RICHELIEU.

C'est-à-dire qu'elle fait toutes choses sur la terre. C'est elle qui domine partout et qui gouverne l'univers.

FÉNÉLON.

Dites plutôt que c'est l'activité et le courage.

(1) *Fénélon* (François de Salignac de La Motte ou Mothe), naquit au château de Fénélon en Querci le 6 août 1651, fut nommé archevêque de Cambrai en 1695, et mourut le 7 janvier 1715. ÉDIT.

RICHELIEU.

Oui, l'activité et le courage. Mais l'un et l'autre ne se trouvent guère qu'avec une grande ambition et avec l'amour de la gloire.

FÉNÉLON.

Eh quoi ! votre Éminence croirait-elle que la prudence et la vertu ne pourraient résister à l'ambition, gouverner sans elle et l'assujétir ?

RICHELIEU.

Cela n'est guère arrivé, mon cher ami ; et il y a bien de l'apparence que ce qui n'arrive point ou qui n'arrive que rarement, n'est point selon les lois de la nature.

FÉNÉLON.

N'a-t-on pas vu des ministres et des princes sans ambition ?

RICHELIEU.

Ces ministres et ces princes, mon aimable ami, ne gouvernaient point par eux-mêmes ; les plus habiles avaient sous eux des esprits ambitieux qui les conduisaient à leurs fins sans qu'ils le sussent.

FÉNÉLON.

Je vous en nommerai plusieurs qui ont gouverné par eux-mêmes.

RICHELIEU.

Hé ! qui vous a dit que ceux que vous me nommeriez n'avaient pas dans le cœur une ambition secrète qu'ils cachaient aux peuples ? Les grandes affaires, l'autorité élèvent les ames les plus faibles, et fécondent ce germe (1) d'ambition que tous les hommes apportent au monde avec la vie. Vous, qui vous êtes montré si ami de la modération dans vos écrits, ne vouliez-vous pas vous insinuer dans les esprits, faire prévaloir vos maximes ? N'étiez-vous pas fâché qu'on les négligeât?

FÉNÉLON.

Il est vrai que j'étais zélé pour mes maximes; mais parce que je les croyais justes, et non parce qu'elles étaient miennes.

RICHELIEU.

Il est aisé, mon cher ami, de se faire illusion là-dessus. Si vous aviez eu un esprit faible, vous auriez laissé le soin à tout autre de redresser le genre humain; mais parce que vous étiez né avec de la vertu et de l'activité, vous vouliez assujétir

(1) On lit *germe* dans le manuscrit ; dans l'édition de M. Belin on a imprimé *genre*, c'est une faute. ÉDIT.

les hommes à votre génie particulier. Croyez-
moi, c'est là de l'ambition.

FÉNÉLON.

Cela peut bien être. Mais cette ambition qui va
en tout au bien des peuples, est bien différente
de celle qui rapporte tout à soi et que j'ai com-
battue.

RICHELIEU.

Ai-je prétendu le contraire, mon aimable ami?
L'ambition est l'ame du monde ; mais il faut
qu'elle soit accompagnée de vertus, d'humanité,
de prudence et de grandes vues pour faire le
bonheur des peuples et assurer la gloire de ceux
qui gouvernent.

DIALOGUE XV.

BRUTUS ET UN JEUNE ROMAIN.

LE JEUNE HOMME.

Ombre illustre, daignez m'aimer. Vous avez été mon modèle tant que j'ai vécu : j'étais ambitieux comme vous ; je m'efforçais de suivre vos autres vertus. La fortune m'a été contraire ; j'ai trompé sa haine ; je me suis dérobé à sa rigueur (1) en me tuant.

BRUTUS.

Vous avez pris ce parti-là bien jeune, mon ami. Ne vous restait-il plus de ressources dans le monde ?

LE JEUNE HOMME.

J'ai cru qu'il ne m'en restait d'autre que le hasard, et je n'ai pas daigné l'attendre.

BRUTUS.

A quel titre demandiez-vous de la fortune ? Étiez-vous né d'un sang illustre ?

(1) Dans l'édition de 1820, on lit *fureur;* c'est une faute. Édit.

LE JEUNE HOMME.

J'étais né dans l'obscurité; je voulais m'ennoblir par la vertu et par la gloire.

BRUTUS.

Quels moyens aviez-vous choisis pour vous élever? car, sans doute, vous n'aviez pas un desir vague de faire fortune sans vous attacher à un objet particulier?

LE JEUNE HOMME.

Je croyais pouvoir espérer de m'avancer par mon esprit et par mon courage; je me sentais l'ame élevée.

BRUTUS.

Vous cultiviez avec cela quelque talent? car vous n'ignoriez pas qu'on ne s'avance point par la magnanimité, lorsqu'on n'est pas à portée de la développer dans les grandes affaires.

LE JEUNE HOMME.

Je connaissais un peu le cœur humain; j'aimais l'intrigue; j'espérais de me rendre maître de l'esprit des autres. Par là on peut aller à tout.

BRUTUS.

Oui, lorsqu'on est avancé dans la carrière et

connu des grands. Mais qu'aviez-vous fait pour
vous mettre en passe et vous faire connaître ?
Vous distinguiez-vous à la guerre ?

LE JEUNE HOMME.

Je me présentais froidement à tous les dangers,
et je remplissais mes devoirs ; mais j'avais peu de
goût pour les détails de mon métier. Je croyais
que j'aurais bien fait dans les grands emplois ;
mais je négligeais de me faire une réputation
dans les petits.

BRUTUS.

Et vous flattiez-vous qu'on devinerait ce talent
que vous aviez pour les grandes choses, si vous
ne l'annonciez dans les petites ?

LE JEUNE HOMME.

Je ne m'en flattais que trop, ombre illustre ;
car je n'avais nulle expérience de la vie, et on ne
m'avait point instruit du monde. Je n'avais pas
été élevé pour la fortune.

BRUTUS.

Aviez-vous du moins cultivé votre esprit pour
l'éloquence ?

LE JEUNE HOMME.

Je la cultivais autant que les occupations de la

guerre le pouvaient permettre; j'aimais les lettres
et la poésie; mais tout cela était inutile sous
l'empire de Tibère, qui n'aimait que la politique, et qui méprisait les arts dans sa vieillesse.
L'éloquence ne menait plus à Rome aux dignités.
C'était un talent inutile pour la fortune, et qu'on
n'avait pas même occasion de mettre en pratique.

BRUTUS.

Vous deviez donc vous attacher aux choses qui
pouvaient vous rendre agréable à votre maître,
et utile à votre patrie dans l'état où elle se trouvait alors.

LE JEUNE HOMME.

J'ai reconnu la vérité de ce que vous dites;
mais je l'ai connue trop tard, et je me suis tué
moi-même pour me punir de mes fautes.

BRUTUS.

Vos fautes ne sont pas inexcusables, mon ami.
Vous n'aviez pas pris les vrais chemins de la
fortune; mais vous pouviez réussir par d'autres
moyens, puisque mille gens se sont avancés sans
mérite et sans industrie estimable. Vous vous
condamnez trop sévèrement; vous êtes comme la

plupart des hommes qui ne jugent guère de leur conduite que par le succès.

LE JEUNE HOMME.

Il m'est très-doux, grande ombre, que vous m'excusiez. Je n'ai jamais osé ouvrir mon cœur à personne tant que j'ai vécu : vous êtes le premier à qui j'ai avoué mon ambition, et qui m'avez pardonné ma mauvaise fortune.

BRUTUS.

Hélas ! si je vous avais connu dans le monde, j'aurais tâché de vous consoler dans vos disgrâces. Je vois que vous ne manquiez ni de vertu, ni d'esprit, ni de courage. Vous auriez fait votre fortune dans un meilleur temps, car vous avez l'ame romaine.

LE JEUNE HOMME.

Si cela est ainsi, mon cher Brutus, je ne dois point regretter mon malheur. La fortune est partiale et injuste; ce n'est pas un grand mal de la manquer lorsqu'on peut se répondre qu'on l'a méritée; mais quand on la possède indignement et à titre injuste, c'est peu de chose. Elle ne sert qu'à faire de plus grandes fautes et à augmenter tous les vices.

DIALOGUE XVI.

CATILINA, SENECION.

SENECION (1).

Avouez, Catilina, que vous vous ennuyez ici étrangement. Vous n'avez plus personne ni à persuader, ni à tromper, ni à corrompre. L'art que vous possédiez de gagner les hommes, de vous proportionner à eux, de les flatter par l'espérance, de les tenir dans vos intérêts, ou par les plaisirs, ou par l'ambition, ou par la crainte, cet art vous est ici tout-à-fait inutile.

CATILINA.

Il est vrai que je mène ici une vie à peu près aussi oisive et aussi languissante que celle que vous avez menée vous-même dans le monde et à la cour de Néron.

SENECION.

Moi! je n'ai pas mené une vie languissante, j'étais favori de mon maître; j'étais de tous ses amusemens et de tous ses plaisirs; les ministres

(1) Favori de Néron.

avaient de grands égards pour moi, et les courtisans me portaient envie.

CATILINA.

Saviez-vous faire usage de votre faveur? pro-
tégiez-vous les hommes de mérite? vous en
serviez-vous?

SENECION.

Des gens de mérite, je n'en connaissais point.
Il y avait quelques hommes obscurs à Rome qui
se piquaient de vertu; mais c'étaient des imbéciles que l'on ne voyait point en bonne compagnie,
et qui n'étaient bons à rien.

CATILINA.

Mais il y avait aussi des gens d'esprit; et sans
doute vous.....

SENECION.

Oui, il y avait à la cour quelques jeunes gens
qui avaient de l'imagination, qui étaient plaisans,
singuliers et de très-bonne compagnie. Je passais
ma vie avec eux.

CATILINA.

Quoi ! il n'y avait de gens d'esprit que dans ce
petit cercle d'hommes qui composaient la cour
de l'empereur ?

6.

SÉNÉCIÔN.

Je connaissais aussi quelques pédans, des poètes, des philosophes, des gens à talent en tout genre ; mais je tenais ces espèces dans la subordination. Je m'en amusais quelquefois, et les congédiais ensuite sans me familiariser avec eux.

CATILINA.

On m'avait dit que vous-même faisiez des vers ; que vous déclamiez ; que vous vous piquiez d'être philosophe.

SENECION.

Je m'amusais de tous ces talens qui étaient en moi ; mais je m'appliquais à des choses plus utiles et plus raisonnables.

CATILINA.

Et quelles étaient donc ces choses plus raisonnables ?

SENECION.

Ho ! vous en voulez trop savoir. Voudriez-vous que j'eusse passé ma vie sur des livres et dans mon cabinet, comme ces misérables qui n'avaient d'autre ressource que leur talent ? Je

vous avoue que ces gens-là avaient bien peu
d'esprit. Je les recevais chez moi pour leur apprendre que j'avais plus d'esprit qu'eux; je leur
faisais sentir à tout moment qu'ils n'étaient que
des imbéciles; je les accablais quelquefois d'ami-
tiés et d'honnêtetés; je croyais qu'ils comptaient
sur moi. Mais le lendemain je ne leur parlais
plus; je ne faisais pas semblant de les voir;
ils s'en allaient désespérés contre moi. Mais je
me moquais de leur colère, et je savais qu'ils
seraient trop heureux que je leur accordasse
encore ma protection.

CATILINA.

Ainsi vous vous réserviez de vous attacher
d'autres hommes plus propres à servir vos desseins. Car, apparemment, vous ne comptiez pas
sur le cœur de ceux que vous traitiez si mal.

SÉNECION.

Moi! j'avais la faveur de mon maître, je
n'avais besoin de personne. Je n'aurais pas manqué de créatures si j'avais voulu; les hommes
se jetaient en foule au-devant de moi; mais je
me contentais de ménager les grands et ceux qui
approchaient l'empereur. J'étais inexorable pour
les autres qui me recherchaient, parce que je

pouvais leur être utile, et qu'eux-mêmes n'é-
taient bons à rien.

CATILINA.

Et que seriez-vous devenu si Néron eût cessé
de vous aimer? Ces grands qui étaient tous jaloux
de votre fortune, vous auraient-ils soutenu dans
vos disgrâces? Qui vous aurait regretté? qui vous
eût plaint? qui aurait pris votre parti contre le
peuple, animé contre vous par votre orgueil et
votre mollesse?

SENECION.

Mon ami, quand on perd la faveur du prince,
on perd toujours tout avec elle.

CATILINA.

On ne perd point le génie et le courage lorsqu'on en a véritablement; on ne perd point
l'amour des misérables, qui sont toujours en
très-grand nombre; on conserve l'estime des
gens de mérite. Le malheur même augmente
quelquefois la réputation des grands hommes;
leur chute entraîne nécessairement celle d'une
infinité de gens de mérite qui leur étaient attachés. Ceux-ci ont intérêt de les relever, de les
défendre dans le public, et se sacrifient quelquefois de très-bon cœur pour les servir.

SENECION.

Ce que vous dites est peut-être vrai dans une république; mais, sous un roi, je vous dis qu'on dépend uniquement de sa volonté.

CATILINA.

Vous avez servi sous un mauvais prince, qui n'était environné que de flatteurs et d'esprits bas et mercenaires. Si vous aviez vécu sous un meilleur règne, vous auriez vu qu'on dépendait, à la vérité, de la volonté du prince, mais que la volonté d'un prince éclairé, revenait aisément vers ceux qui se mettaient en état de le bien servir, qui avaient pour eux la voix publique, et des caractères qui rappelaient à l'esprit du maître leurs talens dans les circonstances favorables.

SENECION.

Je n'ai point éprouvé ce que vous dites, et j'ai mené une vie assez heureuse sans suivre vos maximes.

CATILINA.

Vous appelez une vie heureuse celle que vous avez passée toute entière avec un prince qui avait une folie barbare, qui consumait les jours et les nuits dans de longs et fastidieux repas, une vie qui n'a été occupée qu'à assister au lever et au dîner de votre maître, à posséder quelques femmes que vous méprisiez, à vous parer, à vous faire voir, à recevoir les respects d'une cour qui vous méprisait, où vous n'aviez aucun vrai ami, aucune créature, aucun homme attaché à vous.

SENECION.

Ne dirait-on pas, à vous entendre, que votre vie a été plus agréable et plus glorieuse ?

CATILINA.

Ce n'est pas à moi à vous dire qu'elle a été glorieuse ; mais je puis au moins vous répondre qu'elle a été plus agréable que la vôtre ; j'ai joui des mêmes plaisirs que vous, mais je ne m'y suis pas borné ; je les ai fait servir à des desseins sérieux et à une fin plus flatteuse. J'ai aimé et estimé les hommes de bonne foi, parce que j'étais capable de discerner le mérite, et que j'avais un cœur sensible. Je me suis attaché tous les misérables, sans cesser de vivre avec les grands. Je tenais à tous les états par mon génie vaste et conciliant ; le peuple m'aimait, je savais me familiariser avec les hommes sans m'avilir; je me relâchais sur les avantages de ma naissance, content de primer par mon génie et par mon courage. Les grands ne négligent souvent les hommes de mérite que parce qu'ils sentent bien qu'ils ne peuvent les dominer par leur esprit. Pour moi, je me livrais tout entier aux plus courageux et aux habiles, parce que je n'en craignais aucun; je me proportionnais aux autres; je gagnais le cœur de ceux qui, par leurs principes, n'estimaient point mes sentimens; mon parti m'adorait; j'aurais assujéti la république si j'avais pu éviter certaines fautes. Pour vous, sans la scélératesse et la folie de votre maître, vous n'auriez jamais été qu'un homme obscur et accablé de ses propres vices. Adieu.

DIALOGUE XVII.

RENAUD ET JAFIER, conjurés.

JAFIER.

Eh bien, mon cher Renaud, es-tu désabusé de l'ambition et de la fortune?

RENAUD.

Mon ami, j'ai péri en homme de courage, dans une entreprise qui éternisera mon nom et l'injustice de mes destinées : je ne regrette point ce que j'ai fait.

JAFIER.

Mais tu avais pris un mauvais chemin pour faire ta fortune : mille gens sont parvenus sans péril et sans peine, plus haut que toi. J'ai connu un homme sans nom, qui avait amassé des richesses immenses par le débit d'un nouvel opiat pour les dents.

RENAUD.

J'ai connu, comme toi, des hommes que le hasard ou une servile industrie ont avancés;

mais je n'étais pas né pour m'élever par ces moyens, je n'ai jamais porté envie à ces misérables.

JAFIER.

Et pourquoi avais-tu de l'ambition, si tu méprisais l'injustice de la fortune?

RENAUD.

Parce que j'avais l'ame haute, et que j'aimais à lutter contre mon mauvais destin; le combat me plaisait sans la victoire.

JAFIER.

Il est vrai que là fortune t'avait fait naître hors de ta place.

RENAUD.

Et la nature, mon cher Jafier, m'y appelait et se révoltait.

JAFIER.

Ne pouvais-tu vivre tranquillement sans autorité et sans gloire?

RENAUD.

J'aimais mieux la mort qu'une vie oisive; je savais bien vivre sans gloire, mais non sans activité et sans intrigue.

JAFIER.

Avoue cependant que tu te conduisais avec
imprudence. Tu portais trop haut tes projets.
Ignorais-tu qu'un gentilhomme français comme
toi, qui avait peu de bien, qui n'était recom-
mandable ni par son nom, ni par ses alliances,
ni par sa fortune, devait renoncer à ces grands
desseins ?

RENAUD.

Ami, ce fut cette pensée qui me fit quitter
ma patrie, après avoir tenté tout ce qui dépendait de moi pour m'y élever. J'errais en divers
pays ; je vins à Venise, et tu sais le reste.

JAFIER.

Oui, je sais que tu fus sur le point d'élever
ta fortune sur les débris de cette puissante république ; mais quand tu aurais réussi, tu n'aurais jamais eu la principale gloire, ni le fruit
de cette entreprise, qui était conduite par des
hommes plus puissans que toi.

RENAUD.

C'est le sort des hommes de génie, qui n'ont
que du génie et du courage. Ils ne sont que les
instrumens des grands qui les emploient ; ils ne

recueillent jamais ni la gloire, ni le fruit principal des entreprises qu'ils ont conduites, et que
l'on doit à leur prudence; mais le témoignage
de leur conscience leur est bien doux. Ils sont
considérés, du moins, des grands qu'ils servent;
ils les maîtrisent quelquefois dans leur conduite;
et enfin quelques-uns parviennent, s'élèvent
au-dessus de leurs protecteurs, et emportent au
tombeau l'estime des peuples.

JAFIER.

Ce sont ces sentimens qui t'ont conduit sur
l'échafaud.

RENAUD.

Crois-tu que j'aie regretté la vie? Un homme
qui craint la mort, n'est pas même digne de
vivre.

DIALOGUE XVIII.

PLATON ET DENIS-LE-TYRAN.

DENIS.

Oui, je le maintiens, mon cher philosophe, la pitié, l'amitié, la générosité, ne font que glisser sur le cœur de l'homme; pour l'équité, il n'y en a aucun principe dans sa nature.

PLATON.

Quand il serait vrai que les sentimens d'humanité ne seraient point durables dans le cœur de l'homme.....

DENIS.

Cela ne peut être plus vrai; il n'y a de durable dans le cœur de l'homme que l'amour-propre.

PLATON.

Eh bien ! que concluez-vous de cette supposition ?

DENIS.

Je conclus que j'ai eu raison de me défier de

tous les hommes, de rapporter tout à moi, de n'aimer que moi.

PLATON.

Vous niez donc que les hommes soient obligés à être justes.

DENIS.

Pourquoi y seraient-ils obligés, puisque la nature ne les a pas fait tels ?

PLATON.

Parce que la nature les a fait raisonnables, et que, si elle ne leur a pas accordé l'équité, elle leur a donné la raison pour la leur faire connaître et pratiquer ; car vous ne niez pas, du moins, que la raison ne montre la nécessité de la justice.

DENIS.

La raison veut que les habiles et les forts gouvernent, et qu'ils fassent observer aux autres hommes l'équité : voilà ce que je vous accorde.

PLATON.

C'est-à-dire que vous, qui étiez plus fort et plus habile que vos sujets, vous n'étiez pas obligé envers eux à être juste. Mais vous avez trouvé des hommes encore plus heureux et plus habiles que vous; ils vous ont chassé de la place que vous aviez usurpée. Après avoir éprouvé si durement les inconvéniens de la violence, devriez-vous persister dans votre erreur ? Mais, puisque votre expérience n'a pu vous instruire, je le tenterais vainement. Adieu, je ne veux point infecter mon esprit du poison dangereux de vos maximes.

DENIS.

Et moi, je veux toujours haïr les vôtres : la vertu me condamne avec trop de rigueur, pour que je puisse jamais la souffrir.

RÉFLEXIONS

SUR DIVERS SUJETS.

I.

Sur l'Histoire des hommes illustres.

Les histoires des hommes illustres trompent la jeunesse. On y présente toujours le mérite comme respectable, on y plaint les disgraces qui l'accompagnent, et on y parle avec mépris de l'injustice du monde à l'égard de la vertu et des talens. Ainsi, quoiqu'on y fasse voir les hommes de génie presque toujours malheureux, on peint cependant leur génie et leur condition avec de si riches couleurs, qu'ils paraissent dignes d'envie dans leurs malheurs mêmes. Cela vient de ce que les historiens confondent leurs intérêts avec ceux des hommes illustres dont ils parlent. Marchant dans les mêmes sentiers, et aspirant à peu près à la même gloire, ils relèvent autant qu'ils peuvent l'éclat des talens; on ne s'aperçoit pas qu'ils plaident leur propre cause, et comme on n'entend que leur voix, on se laisse aisément séduire

à la justice de leur cause, et on se persuade aisément que le parti le meilleur est aussi le plus
appuyé des honnêtes gens. L'expérience dé-
trompe là-dessus. Pour peu qu'on ait vu le
monde, on découvre bientôt son injustice naturelle envers le mérite , l'envie des hommes médiocres, qui traverse jusqu'à la mort les hommes
excellens, et enfin l'orgueil des hommes élevés
par la fortune, qui ne se relâche jamais en faveur de ceux qui n'ont que du mérite. Si on
savait cela de meilleure heure, on travaillerait
avec moins d'ardeur à la vertu ; et quoique la
présomption de la jeunesse surmonte tout, je
doute qu'il entrât autant de jeunes gens dans la
carrière.

II.

Sur la morale et la physique.

C'est un reproche ordinaire de la part des
physiciens à ceux qui écrivent des mœurs, que
la morale n'a aucune certitude comme les mathé-
matiques et les expériences physiques. Mais je
crois qu'on pourrait dire, au contraire, que
l'avantage de la morale est d'être fondée sur peu
de principes très-solides, et qui sont à la portée
de l'esprit des hommes ; que c'est de toutes les
sciences la plus connue, et celle qui a été portée

plus près de sa perfection ; car il y a peu de vérités morales, un peu importantes, qui n'aient été écrites, et ce qui manque à cette science, c'est de réunir toutes ces vérités et de les séparer de quelques erreurs qu'on y a mêlées : mais c'est un défaut de l'esprit humain plus que de cette science, car les hommes ne sont guère capables de concevoir aucun sujet tout entier et d'en voir les divers rapports et les différentes faces. L'avantage de la morale est donc d'être plus connue que les autres sciences ; de là on peut conclure qu'elle est plus bornée, où qu'elle est plus naturelle aux hommes, ou l'un et l'autre à la fois : car on ne peut nier, je crois, qu'elle est plus naturelle aux hommes, et on est assez obligé de convenir, en même temps, que, se renfermant tout entière dans un sujet si borné que le genre humain, elle a moins d'étendue que la physique qui embrasse toute la nature. Ainsi l'avantage de la morale sur la physique est de pouvoir être mieux connue et mieux possédée, et l'avantage de la physique sur la morale est d'être plus vaste et plus étendue. La morale se glorifie d'être plus sûre et plus pratiquable ; et la physique, au contraire, de passer les bornes de l'esprit humain, de s'étendre au-delà de toutes ses conceptions, d'étonner et de confondre l'imagination, par

ce qu'elle lui fait apercevoir de la nature...Voilà
du moins ce qui me paraît de ces deux sciences.
Je trouve la morale plus utile, parce que nos
connaissances ne sont guère profitables qu'autant qu'elles approchent de la perfection ; mais
elle me paraît aussi un peu bornée, au lieu que
le seul aspect des élémens de la physique accable
mon imagination..... Je me sens frapper d'une
vive curiosité à la vue de toutes les merveilles
de l'univers, mais je suis dégoûté aussitôt du
peu que l'on en peut connaître ; et il me semble
qu'une science si élevée au-dessus de notre raison, n'est pas trop faite pour nous. Cependant
ce qu'on a pu en découvrir n'a pas laissé que de
répandre de grandes lumières sur toutes les
choses humaines : d'où je conclus qu'il est bon
que beaucoup d'hommes s'appliquent à cette
science et la portent jusqu'au degré où elle peut
être portée, sans se décourager par la lenteur de
leurs progrès, et par l'imperfection de leurs
connaissances..... Il faut avouer que c'est un
grand spectacle que celui de l'univers ; de quelque côté qu'on porte sa vue, on ne trouve jamais
de terme. L'esprit n'arrive jamais ni à la dernière petitesse des objets, ni à l'immensité du
tout ; les plus petites choses tiennent à l'infini ou
à l'indéfini. L'extrême petitesse et l'extrême gran-

deur échappent également à notre imagination,
elle n'a plus de prise sur aucun objet dès qu'elle
veut les approfondir. *Nous apercevons*, dit
Pascal, *quelque apparence du milieu des choses,
dans un désespoir éternel d'en connaître ni le
principe ni la fin,* etc. (1).

(1) Nous espérons que le lecteur verra avec plaisir que nous
citons en entier la pensée de Pascal, que Vauvenargues ne fait
qu'indiquer; la liaison est trop étroite pour que nous résistions
au desir de faire un rapprochement.

« Qu'est-ce, dit Pascal, qu'est-ce que l'homme dans la nature?
un néant à l'égard de l'infini, un tout à l'égard du néant, un
milieu entre rien et tout. Il est infiniment éloigné des deux ex-
trêmes, et son être n'est pas moins distant du néant d'où il est
tiré que de l'infini où il est englouti.

« Son intelligence tient dans l'ordre des choses intelligibles le
même rang que son corps dans l'étendue de la nature; et tout
ce qu'elle peut faire, est d'apercevoir quelque apparence du
milieu des choses, dans un désespoir éternel d'en connaître ni
le principe ni la fin. Toutes choses sont sorties du néant et por-
tées jusqu'à l'infini. Qui peut suivre ces étonnantes démarches?
L'auteur de ces merveilles les comprend, nul autre ne peut le
faire.
PENSÉES DE B. PASCAL, Ire Part., Art. IV, Pensée I.

M. François de Neufchâteau, dans ses notes sur Pascal, t. Ier,
p. 470, de l'édition publiée en 1821 par M. Lefèvre, a emprunté
à Vauvenargues le passage suivant, par lequel il répond à Pascal
en disant :

« L'homme est faible, on en convient; ses sentimens sont trompeurs, ses vues sont courtes et fausses. Si sa volonté captive n'a
pas de guide plus sûr, elle égarera tous ses pas. Une preuve na-

La physique est incertaine à l'égard des principes du mouvement, à l'égard du vide ou du plein, de l'essence des corps, etc. Elle n'est certaine que dans les dimensions, les distances, les proportions et les calculs qu'elle emprunte de la géométrie.

M. Newton, au moyen d'une seule cause occulte, explique tous les phénomènes de la nature ; et les anciens, en admettant plusieurs causes occultes, n'expliquaient pas la moindre partie de ces phénomènes. La cause occulte de

turelle qu'elle en est réduite là, c'est qu'elle s'égare en effet ; mais ce guide, quoiqu'incertain, vaut mieux qu'un instinct aveugle. Une raison imparfaite est beaucoup au-dessus d'une absence de raison. La raison débile de l'homme et ses sentimens illusoires le sauvent encore néanmoins d'une infinité d'erreurs. L'homme entier serait abruti s'il n'avait pas ce secours. Il est vrai qu'il est imparfait ; mais c'est une nécessité. La perfection infinie ne souffre point de partage ; Dieu ne serait point parfait si quelque autre pouvait l'être. » (*Voyez* OEuvres de Vauvenargues, t. II, p. 258 et 259.)

La réflexion de Vauvenargues, ajoute M. François de Neufchâteau, a beaucoup de rapport avec la note suivante :

« L'éloquente tirade de Pascal, dit Voltaire, ne prouve autre chose, sinon que l'homme n'est pas Dieu, il est à sa place comme le reste de la nature, imparfait, parce que Dieu seul peut être parfait, ou, pour mieux dire, l'homme est borné, et Dieu ne l'est pas. »

OEuvres de B. Pascal, édition citée, t. Ier. p. 469, Note de Voltaire, n° 15.

ÉDIT.

M. Newton est celle qui produit la pesanteur et l'attraction mutuelle des corps ; mais il n'est pas impossible peut-être que cette pesanteur et cette attraction ne soient à elles-mêmes leur propre cause ; car il n'est pas nécessaire qu'une qualité que nous apercevons dans un sujet, y soit produite par une cause, elle peut exister par elle-même.

On ne demande pas pourquoi la matière est étendue, c'est là sa manière d'exister ; elle ne peut être autrement. Ne se peut-il pas faire que la pesanteur lui soit aussi essentielle que l'étendue ? Pourquoi non ?

Il n'est aucune portion de matière qui ne soit étendue : l'étendue est donc essentielle à la matière. Mais s'il n'y a aucune portion de matière qui ne soit pesante ; ne faudrait-il pas ajouter la pesanteur à l'essence de la matière ?

Si le mouvement n'est autre chose que la pesanteur des corps, nous voilà bien avancés dans le secret de la nature !

Toutes nos démonstrations ne tendent qu'à nous faire connaître les choses avec la même évidence que nous les connaissons par sentiment. Connaître par sentiment est donc le plus haut degré de connaissance ; il ne faut donc pas demander une raison de ce que nous connaissons par sentiment.

III.

Sur Fontenelle.

M. de Fontenelle mérite d'être regardé par la postérité comme un des plus grands philosophes de la terre. Son *Histoire des Oracles,* son petit traité *de l'Origine des Fables,* une grande partie de ses *Dialogues,* sa *Pluralité des Mondes,* sont des ouvrages qui ne devraient jamais périr, quoique le style en soit froid et peu naturel en beaucoup d'endroits. On ne peut refuser à l'auteur de ces ouvrages, d'avoir donné de nouvelles lumières au genre humain. Personne n'a mieux fait sentir que lui cet amour immense que les hommes ont pour le merveilleux; cette pente extrême qu'ils ont à respecter les vieilles traditions et l'autorité des anciens. C'est à lui, en grande partie, qu'on doit cet esprit philosophique qui fait mépriser les déclamations et les autorités, pour discuter le vrai avec exactitude. Le desir qu'il a eu dans tous ses écrits de rabaisser l'antiquité, l'a conduit à en découvrir tous les faux raisonnemens, tout le fabuleux, les déguisemens des histoires anciennes et la vanité de leur philosophie. Ainsi la querelle des anciens et des modernes, qui n'était pas fort importante en elle-même, a produit des dissertations sur les traditions et sur les fables de l'antiquité, qui ont découvert le caractère de l'esprit des hommes, détruit les superstitions et agrandi les vues de la morale. M. de Fontenelle a excellé encore à peindre la faiblesse et la vanité de l'esprit humain : c'est dans cette partie, et dans les vues qu'il a eues sur l'*Histoire ancienne* et sur *la Superstition*, qu'il me paraît véritablement original. Son esprit fin et profond ne l'a trompé que dans les choses de sentiment ; partout ailleurs il est admirable.

IV.

Sur l'Ode.

Je ne sais point si Rousseau a surpassé Horace et Pindare dans ses odes ; s'il les a surpassés, je conclus que l'ode est un mauvais genre, ou du moins un genre qui n'a pas encore atteint à beaucoup près sa perfection. L'idée que j'ai de l'ode est que c'est une espèce de délire, un transport de l'imagination. Mais ce transport et ce délire, s'ils étaient vrais et non pas feints, devraient remplir les odes de sentiment ; car il n'arrive jamais que l'imagination soit véritablement échauffée sans passionner l'ame : or je ne crains pas qu'on puisse dire que nos odes soient fort passionnées. Ce défaut de passion est d'autant plus considérable dans ces petits poèmes, que la plupart sont vides de pensées; et il me semble que tout ouvrage qui est vide de pensées doit être rempli de sentiment. Rien n'est plus froid que de très-beaux vers où l'on ne trouve que de l'harmonie, et des images sans chaleur et sans enthousiasme.

Mais ce qui fait que Rousseau est si admiré malgré ce défaut de passion, c'est que la plupart des poètes qui ont essayé de faire des odes, n'ayant pas plus de chaleur que lui, n'ont pu même atteindre à son élégance, à son harmonie, à sa simplicité et à la richesse de sa poésie. Ainsi il est admiré non-seulement pour les beautés réelles de ses ouvrages, mais aussi pour les défauts de ses imitateurs. Les hommes sont faits de manière qu'ils ne jugent guère que par comparaison; et jusqu'à ce qu'un genre ait atteint sa véritable perfection, ils ne s'aperçoivent point de ce qui lui manque; ils ne s'aperçoivent pas même qu'ils ont pris une mauvaise route, et qu'ils ont manqué le génie d'un certain genre, tant que le vrai génie et la vraie route leur sont inconnus. C'est ce qui a fait que tous les mauvais auteurs qui ont primé dans leur siècle, ont passé incontestablement pour de grands hommes;

personne n'osant contester à ceux qui faisaient mieux que les autres qu'ils fussent dans le bon chemin.

V.

Sur Montaigne et Pascal.

Montaigne pensait naturellement et hardiment; il joignait à une imagination inépuisable, un esprit invinciblement tourné à réfléchir. On admire dans ses écrits ce caractère original qui manque rarement aux ames vraies; on y retrouve partout ce génie qu'on ne peut d'ailleurs refuser aux hommes qui sont supérieurs à leur siècle. Montaigne a été un prodige dans des temps barbares, cependant on n'oserait dire qu'il ait évité tous les défauts de ses contemporains; il en avait lui-même de considérables qui lui étaient propres, qu'il a défendus avec esprit, mais qu'il n'a pu justifier, parce qu'on ne justifie point de vrais défauts. Il ne savait ni lier ses pensées, ni donner de justes bornes à ses discours, ni rapprocher utilement les vérités, ni en conclure. Admirable dans les détails, incapable de former un tout, savant à détruire, faible à établir; prolixe dans ses citations, dans ses raisonnemens, dans ses exemples; fondant sur des faits vagues et incertains des jugemens hasardeux;

affaiblissant quelquefois de fortes preuves, par
de vaines et inutiles conjectures; se penchant
souvent du côté de l'erreur pour contrepeser
l'opinion; combattant par un doute trop universel la certitude; parlant trop de soi, quoi qu'on
dise, comme il parlait trop d'autre chose; incapable de ces passions altières et véhémentes qui
sont presque les seules sources du sublime; cho-
quant, par son indifférence et son indécision, les
ames impérieuses et décisives; obscur et fatigant
en mille endroits, faute de méthode; en un mot,
malgré tous les charmes de sa naïveté et de ses
images, très-faible orateur, parce qu'il ignorait
l'art nécessaire d'arranger un discours, de déterminer, de passionner et de conclure.

Pascal n'a surpassé Montaigne ni en naïveté,
ni en imagination. Il l'a surpassé en profondeur,
en finesse, en sublimité, en véhémence; il a
porté à sa perfection l'éloquence d'art que Montaigne ignorait entièrement, et n'a point été
égalé dans cette vigueur de génie par laquelle
on rapproche les objets et on résume un discours;
mais la chaleur et la vivacité de son esprit pouvaient lui donner des erreurs, dont le génie
ferme et modéré de Montaigne n'était pas aussi
susceptible.

VI.

Sur la Poésie et l'Éloquence.

M. de Fontenelle dit formellement en plusieurs endroits de ses ouvrages, que l'éloquence et la poésie sont peu de chose, etc.... Il me semble qu'il n'est pas trop nécessaire de défendre l'éloquence. Qui devrait mieux savoir que M. de Fontenelle que la plupart des choses humaines, je dis celles dont la nature a abandonné la conduite aux hommes, ne se font que par la séduction? c'est l'éloquence qui non-seulement convainc les hommes, mais qui les échauffe pour les choses qu'elle leur a persuadées, et qui par conséquent se rend maîtresse de leur conduite. Si M. de Fontenelle n'entendait par l'éloquence qu'une vaine pompe de paroles, l'harmonie, le choix, les images d'un discours, encore que toutes ces choses contribuent beaucoup à la persuasion, il pourrait cependant en faire peu d'estime, parce qu'elles n'auraient pas grand pouvoir sur des esprits fins et profonds comme le sien. Mais M. de Fontenelle ne peut ignorer que la grande éloquence ne se borne point à l'imagination, et qu'elle embrasse la profondeur du raisonnement qu'elle fait valoir, ou par un grand art et par

une régulière netteté, ou par une chaleur d'expression et de génie, qui entraîne les esprits les
plus opiniâtres. L'éloquence a encore cet avantage qu'elle rend les vérités populaires, qu'elle
les fait sentir aux moins habiles, et qu'elle se
proportionne à tous les esprits. Enfin, je crois
qu'on peut dire qu'elle est la marque certaine de
la vigueur de l'esprit, et l'instrument le plus
puissant de la nature humaine.... A l'égard de la
poésie, je ne crois pas qu'elle soit fort distincte
de l'éloquence. Un grand poète (1) la nomme
l'éloquence harmonieuse : je me fais honneur de
penser comme lui. Je sais bien qu'il peut y avoir
dans la poésie de petits genres qui ne demandent
que quelque vivacité d'imagination et l'art des
vers ; mais dira-t-on que la physique est peu de
chose parce qu'il y a des parties de la physique
qui ne sont pas d'une grande étendue ou d'une
grande utilité ? La grande poésie demande nécessairement une grande imagination, avec un
génie fort et plein de feu. Or, on n'a point cette
grande imagination et ce génie vigoureux, sans
avoir en même temps de grandes lumières et des
passions ardentes qui éclairent l'ame sur toutes
les choses de sentiment, c'est-à-dire sur la plus
grande partie des objets que l'homme connaît

(1) Voltaire. ÉDIT.

le mieux. Le génie qui fait les poètes est le
même qui donne la connaissance du cœur de
l'homme. Molière et Racine n'ont si bien réussi
à peindre le genre humain, que parce qu'ils ont
eu l'un et l'autre une grande imagination. Tout
homme qui ne saura pas peindre fidèlement les
passions, la nature, ne méritera pas le nom de
grand poète. Ce mérite si essentiel ne le dispense
pas d'avoir les autres : un grand poète est obligé
d'avoir des idées justes, de conduire sagement
tous ses ouvrages, de former des plans réguliers
et de les exécuter avec vigueur. Qui ne sait qu'il
est peut-être plus difficile de former un bon
plan pour un poème que de faire un système raisonnable sur quelque petit sujet philosophique?
Je sais bien qu'on m'objectera que Milton,
Shakespeare et Virgile même n'ont pas brillé
dans leurs plans; cela prouve que leur talent
peut subsister sans une grande régularité; mais
il ne prouve point qu'il l'exclue. Combien peu
avons-nous d'ouvrages de morale et de philosophie où il règne un ordre irréprochable! Est-il
surprenant que la poésie se soit si souvent écar-
tée de cette sagesse de conduite pour chercher
des situations et des peintures pathétiques, tandis que nos ouvrages de raisonnement, où on n'a
recherché que la méthode et la vérité, sont la

plupart si peu vrais et si peu méthodiques. C'est
donc par la faiblesse naturelle de l'esprit humain
que quelques poètes manquent de conduite, et
non parce que le défaut de conduite est propre
à l'esprit poétique. Je suis fâché qu'un esprit
supérieur comme M. de Fontenelle veuille bien
appuyer de son autorité les préjugés du peuple
contre un art aimable, et dont le génie est donné
à si peu d'hommes. Tout génie qui fait concevoir plus vivement les choses humaines, comme
on ne peut le refuser à la poésie, doit porter
partout plus de lumière. Je sais que ce sont des
lumières de sentiment, qui ne serviraient peut-
être pas toujours à bien discuter les objets ; mais
n'y a-t-il point d'autre manière de connaître que
par discussion ? Et peut-on conclure quelque
chose contre la justesse d'un esprit qui ne sera
pas propre à discuter ? Qu'y a-t-il après tout d'estimable dans l'humanité ? Sera-ce les connaissances physiques et l'esprit qui sert à les acquérir ? Mais pourquoi donner cette préférence à la
physique ? Pourquoi l'esprit qui sert à connaître
l'esprit lui-même, ne sera-t-il pas aussi estimable que celui qui recherche les causes naturelles avec tant de lenteur et d'incertitude ? Le
plus grand mérite des hommes est d'avoir la
faculté de connaître ; et la connaissance la plus

parfaite et la plus utile qu'ils puissent acquérir, peut bien être celle d'eux-mêmes. Je supplie ceux qui sont persuadés de ces vérités, de me pardonner les preuves que j'en apporte; elles ne peuvent être regardées comme inutiles, puisque la plus grande partie des hommes les ignorent, et que le plus grand philosophe de ce siècle veut bien favoriser cette ignorance.

Je sais bien que les grands poètes pourraient employer leur esprit à quelque chose de plus utile pour le genre. humain que la poésie. Je sais bien que l'attrait invincible du génie les empêche encore d'ordinaire de s'appliquer à d'autres choses; mais n'ont-ils pas cela de commun avec ceux qui cultivent les sciences? Parmi un si grand nombre de philosophes, combien peu s'en trouve-t-il qui aient inventé des choses utiles à la société, et dont l'esprit n'eût pu être mieux employé ailleurs, s'il eût été capable pour d'autres choses de la même application! Est-il nécessaire, d'ailleurs, que tous les hommes s'appliquent à la politique, à la morale et aux connaissances les plus utiles? N'est-il pas au contraire infiniment mieux que les talens se partagent? Par là tous les arts et toutes les sciences fleurissent ensemble; de ce concours et de cette diversité se forme la vraie richesse des sociétés.

Il n'est ni possible ni raisonnable que tous les hommes travaillent pour la même fin.

VII.

L'homme vertueux dépeint par son génie.

Quand je trouve dans un ouvrage une grande imagination avec une grande sagesse, un jugement net et profond, des passions très-hautes mais vraies, nul effort pour paraître grand, une extrême sincérité, beaucoup d'éloquence, et point d'art que celui qui vient du génie; alors je respecte l'auteur; je l'estime autant que les sages ou que les héros qu'il a peints. J'aime à croire que celui qui a conçu de si grandes choses, n'aurait pas été incapable de les faire. La fortune qui l'a réduit à les écrire, me paraît injuste. Je m'informe curieusement de tout le détail de sa vie; s'il a fait des fautes, je les excuse, parce que je sais qu'il est difficile à la nature *de tenir toujours le cœur des hommes au-dessus de leur condition*. Je le plains des piéges cruels qui se sont trouvés sur sa route, et même des faiblesses naturelles qu'il n'a pu surmonter par son courage. Mais lorsque, malgré la fortune et malgré ses propres défauts, j'apprends que son esprit a toujours été occupé de grandes

pensées, et dominé par les passions les plus
aimables, je remercie à genoux la nature de ce
qu'elle a fait des vertus indépendantes du bonheur, et des lumières que l'adversité n'a pu
éteindre.

VIII.

Sur Molière.

Un des plus grands traits de la vie de Sylla,
est d'avoir dit qu'il voyait dans César, encore
enfant, plusieurs Marius, c'est-à-dire, un esprit plus ambitieux et plus fatal à la liberté. Molière n'est pas moins admirable d'avoir prévu sur
une petite pièce de vers que lui montra Racine
au sortir du collége, que ce jeune homme serait
le plus grand poète de son siècle. On dit qu'il
lui donna cent louis pour l'encourager à entreprendre une tragédie. Cette générosité de la part
d'un comédien qui n'était pas riche, me touche
autant que la magnanimité d'un conquérant qui
donne des villes et des royaumes. Il ne faut pas
mesurer les hommes par leurs actions, qui sont
trop dépendantes de leur fortune, mais par
leurs sentimens et leur génie.

IX.

Sur les mauvais Écrivains.

Il y a, ce me semble, une chose qui domine dans les écrivains sans génie : c'est l'envie d'avoir de l'esprit, et la fatigue que ce soin leur coûte ; car il est naturel que ces ouvrages de la volonté portent l'empreinte de leur origine. On voit un auteur qui travaille d'abord pour penser, et qui après avoir formé quelques idées, toujours imparfaites, et bien plus subtiles que vraies, s'efforce de persuader ce qu'il ne croit pas; de faire sentir ce qu'il ne sent pas ; d'enseigner ce que lui-même ignore ; qui, pour développer ses réflexions, dit des choses tout aussi faibles et aussi obscures que ses pensées mêmes ; car ce qu'on conçoit vivement, on n'a pas besoin de le commenter; mais ce qui est pensé sans justesse, on l'exprime sans précision. L'esprit se peint dans la parole qui est son image; et les longueurs du discours sont le sceau des esprits stériles et des imaginations ténébreuses ; aussi remarque-t-on dans les ouvrages de ceux dont je parle bien du *remplissage* et très-peu de pensées utiles. S'il fallait en juger par leurs écrits, un livre n'est pas un tableau où les yeux s'at-

tachent d'eux-mêmes et saisissent avidement les
fortes images du vrai; ce n'est pas l'invention
d'un homme, qui par son travail nous épargne
à nous-mêmes la peine de nous appliquer pour
nous instruire : cela devrait être; il n'est pas.
Un homme modeste est obligé lui-même de se
fatiguer pour trouver le mérite d'un ouvrage où
l'on n'a voulu quelquefois que le divertir; et
comme il n'imagine pas qu'un gros volume puisse
ne contenir que peu de matière, ou que ce qui
a coûté visiblement tant de travail, soit si dé-
pourvu d'agrémens, il croirait volontiers que
c'est sa faute s'il n'est pas plus amusé ou plus
instruit. Je voudrais que ceux qui écrivent,
poètes, orateurs, philosophes, auteurs en tout
genre, se demandassent du moins à eux-mêmes :
Les pensées que j'ai proposées, les sentimens
que j'ai voulu inspirer, cette conviction, cette
lumière, cette évidence de la vérité, ces passions
que j'ai tâché de faire naître, étaient-elles dans
mon propre esprit? Je voudrais qu'ils gravassent
en gros caractère dans leur atelier : Que l'auteur est pour le lecteur, mais que le lecteur
n'est pas fait pour admirer l'auteur qui lui est
inutile.

X.

Sur les Philosophes modernes.

Le but des anciens philosophes était de porter
les hommes à la vertu. Le dessein caché des
modernes, est de nous en détourner, en nous
insinuant que nous en sommes incapables ; et
moi je leur dis que nous en sommes capables.
Car, quand je parle de la vertu, je n'entends
point ces qualités imaginaires que la philosophie
a inventées, et qu'il lui est facile de détruire,
puisqu'elles ne sont que son ouvrage ; je parle de
cette supériorité des ames fortes que l'éternel
auteur de la nature a daigné accorder à quelques
hommes ; je parle d'une grandeur de rapport,
qui est cependant très-réelle, car il n'y a point
d'objets dans la nature qui n'aient des rapports
nécessaires, et qui ne soient grands ou petits,
forts ou faibles, bons ou mauvais, relativement
les uns aux autres. Toute langue n'est que l'expression de ces rapports, et tout l'esprit du
monde ne consiste qu'à les bien connaître. Que
nous enseignent donc les philosophes, en disant
qu'il n'y a ni vertu, ni grandeur, ni vice, ni
force dans les hommes ? Veulent-ils nier ces
rapports et ces proportions immuables ? Non ;

cela serait trop absurde. Prétendent-ils seulement que tout est petit et frivole dans le fini comparé à l'infini ? Est-ce là le mystère de leurs ouvrages ? et n'ont-ils que cela à nous apprendre ? Peut-on abuser du langage avec autant de témérité, et se rendre plus ridicule par plus de folie ?

Si quelqu'un s'avisait de faire un livre pour prouver qu'il n'y a point de nains ni de géans, fondé sur ce que les uns et les autres demeureraient en quelque manière confondus à nos propres yeux, si nous les comparions à la distance de la terre aux astres, mes amis, ne diriez-vous pas de cet ouvrage qu'il est la rêverie de quelque pédant, et le plus inutile de tous les écrits ?

Mais si vous demandiez à un médecin un remède contre la fièvre, et qu'il vous répondît que tous les hommes sont destinés à mourir. Si vous commandiez un habit bien large à votre tailleur, et qu'il eût la sottise de vous dire qu'il n'y a rien de large en ce monde, que l'univers même est étroit ?,... J'ai honte d'écrire de telles impertinences ; mais il me semble que c'est à peu près les discours de nos philosophes. Nous leur demandons les chemins de la sagesse, et ils nous disent que tout est folie ! Nous voudrions être encouragés à la vertu, et il raisonnent à perte de vue sur la faiblesse de l'esprit humain ! Pen-

sent-ils que nous ignorons cette faiblesse ? Mais
vous-même, me diront-ils, croyez-vous qu'on
ne sache pas ce que vous dites ? Pratiquez-le
donc, si vous le savez ! et ne m'obligez pas de
vous redire ce qu'on vous a dit, et dont vous
profitez si peu ; car tant que vous parlerez
comme vous faites, je croirai qu'on peut vous
apprendre ce que vous croyez savoir, et je vous
traiterai comme le peuple, qui comprend très-
peu ce qu'il croit, qui fait rarement ce qu'il
sait, et qui emprunte, selon ses besoins, des
circonstances et ses mœurs et ses opinions.

XI.

Sur la difficulté de peindre les caractères.

Lorsque tout un peuple est frivole et n'a rien
de grand dans ses mœurs, un homme qui ha-
sarde des peintures un peu hardies doit passer
pour un visionnaire. Ses tableaux manquent de
vraisemblance, parce qu'on n'en trouve pas les
modèles dans le monde. Car l'imagination des
hommes se renferme dans le présent, et ne
trouve de vérité que dans les images qui lui représentent ses expériences. Il faudrait donc,
quand on veut peindre avec hardiesse, attacher
de telles peintures à un corps d'histoire, ou du

moins à une fiction, qui pût leur prêter, avec la vraisemblance de l'histoire, son autorité. C'est ce que La Bruyère a senti à merveille. Il ne manquait pas de génie pour faire de grands caractères; mais il ne l'a presque jamais osé. Ses portraits paraissent petits, quand on les compare à ceux du *Télémaque* ou des *Oraisons* de Bossuet. Il a eu de bonnes raisons pour écrire comme il a fait, et on ne peut trop l'en louer. Cependant c'est être sévère que d'obliger tous les écrivains à se renfermer dans les mœurs de leur temps ou de leur pays. On pourrait, si je ne me trompe, leur donner un peu plus de liberté, et permettre aux peintres modernes de sortir quelquefois de leur siècle, à condition qu'ils ne sortiraient jamais de la nature.

XII.

Sur les anciens et les modernes.

Un Athénien pouvait parler avec véhémence de la gloire à des Athéniens; un Français à des Français, nullement : il serait honni. L'imitation des anciens est fort trompeuse. Telle hardiesse qu'on admire avec raison dans Démosthènes, passerait pour déclamation dans notre bouche. J'en suis fort fâché; nous sommes un

peu trop philosophes. A force d'avoir ouï dire
que tout était petit ou incertain parmi les
hommes, nous croyons qu'il est ridicule de parler affirmativement et avec chaleur de quoi que
ce soit. Cela a banni l'éloquence des écrits modernes ; car l'unique objet de l'éloquence est de
persuader et de convaincre. Or, on ne va point
à ce but, quand on ne parle pas très-sérieu-
sement. Celui qui est de sang-froid n'échauffe
pas, celui qui doute ne persuade pas ; rien n'est
plus sensible. Mais la maladie de nos jours est
de vouloir badiner de tout ; on ne souffre qu'à
peine un autre style.

CARACTÈRES.

PRÉFACE.

CEUX qui n'aiment que les portraits brillans et les satires, ne doivent pas lire ces nouveaux Caractères. On n'a cherché à peindre ni les gens du monde, ni les ridicules des grands, quoiqu'on sache combien ces peintures sont plus propres à flatter ou la vanité, ou la malignité, ou la curiosité du peuple. L'auteur a préféré, autant qu'il a pu, ce qui convient en général à tous les hommes, à ce qui est particulier à quelques conditions ; il a plus négligé le ridicule que toute autre chose, parce que le ridicule ne présente ordinairement les hommes que d'un seul côté, qu'il charge et grossit leurs défauts ; qu'en faisant sortir vivement ce qu'il y a de vain et de faible dans la nature, il en déguise toute la grandeur, et qu'enfin il contente peu l'esprit d'un philosophe, plus touché de la peinture d'une seule vertu que de toutes ces petites défectuosités, dont les esprits faibles sont si avides.

On aurait aimé à développer en quelques endroits, non-seulement les qualités du cœur, mais même ces différences fines de l'esprit, qui échappent quelquefois aux meilleurs yeux.

Mais, parce que de tels caractères auraient été des définitions plutôt que des portraits, on n'a pas osé s'y arrêter. Les hommes ne sont vivement frappés que des images; et ils entendent toujours mieux les choses par les yeux que par les oreilles.

On a imité Théophraste et La Bruyère autant qu'on l'a pu; mais, parce qu'on l'a pu très-rarement, à peine s'apercevra-t-on que l'auteur se soit proposé ces grands modèles.

L'éloquence de La Bruyère, ses tours singuliers et hardis, et son caractère toujours original, ne sont pas des choses qu'on puisse imiter. Théophraste est moins délicat, moins orné, moins fort, moins sublime; ses portraits, chargés de détails, sont quelquefois un peu traînans; mais la simplicité et la vérité de ses images les ont fait passer jusqu'à nous. Tout auteur qui peint la nature, est sûr de durer autant que son modèle, et de n'être jamais atteint par ses copistes.

Si j'osais reprocher quelque chose à La Bruyère, ce serait d'avoir trop tourné et trop travaillé ses ouvrages. Un peu plus de simplicité et de négligence auraient donné peut-être plus d'essor à son génie, et un caractère plus haut à ses expressions fières et sublimes.

Théophraste a d'autres défauts : son style me paraît moins varié que celui du peintre moderne; et il n'en a connu ni la hardiesse, ni la précision, ni l'énergie.

A l'égard des mœurs qu'ils ont décrites, ce sont celles des hommes de leur siècle, qu'ils ont imitées l'un et l'autre avec la plus naïve vérité. La Bruyère, qui a vécu dans un siècle plus raffiné et dans un royaume puissant, a peint une nation polie, riche, magnifique, savante et amoureuse de l'art. Théophraste, né au contraire dans une petite république, où les hommes étaient plus pauvres et moins fastueux, a fait des portraits qui, aujourd'hui, nous paraissent un peu petits.

S'il m'est permis de dire ce que je pense, je ne crois pas que nous devions tirer un grand avantage de ce raffinement ou de ce luxe de notre nation. La grandeur du faste ne peut rien ajouter à celle des hommes. La politesse même et la délicatesse, poussées au-delà de leurs bornes, font regretter aux esprits naturels, la simplicité qu'elles détruisent. Nous perdons quelquefois bien plus en nous écartant de la nature, que nous ne gagnons à la polir. L'art peut devenir plus barbare que l'instinct qu'il croit corriger.

Je n'oserais pousser plus loin mes réflexions à la tête d'un si petit ouvrage. La négligence avec laquelle on a écrit ces caractères, le défaut d'imagination dans l'expression, la langueur du style, ne permettent pas d'en hasarder un plus grand nombre. Il faudrait peut-être avoir honte de laisser paraître le peu qu'on en ose donner.

CARACTÈRES.

I.

Aceste, ou le Misanthrope amoureux.

ACESTE se détourne à la rencontre de ceux qu'il voit venir au-devant de lui; il fuit les plaisirs qui le cherchent; il pleure et il cache ses larmes. Une seule personne qui ne l'aime pas, cause toute sa rêverie et cette profonde tristesse. Aceste la voit en dormant, lui parle, se croit écouté; il croit voyager avec elle dans un bois, à travers des rochers et des sables brûlans; il arrive avec elle parmi des barbares : ce peuple s'empresse autour d'eux, et s'informe curieusement de leur fortune. Aceste se trouve à une bataille, et couvert de blessures et de gloire, il rêve qu'il expire dans les bras de sa maîtresse; car l'imagination d'un jeune homme agite son sommeil de ces chimères que nos romanciers ne composent qu'après bien des veilles. Aceste est timide avec sa maîtresse; il oublie quelquefois en la voyant ce qu'il s'est préparé de lui dire : plus souvent encore il lui parle sans préparation, avec cette

impétuosité et cette force que sait inspirer la
plus vive et la plus éloquente des passions. Sa
grâce et sa sincérité l'emportent enfin sur les
vœux d'un rival moins tendre que lui; et l'amour,
le temps, le caprice récompensent des feux si
purs. Alors il n'est plus ni timide, ni inquiet,
ni vain, ni jaloux; il n'a plus d'ennemis; il ne
hait personne ; il ne porte envie à personne : on
ne peut dépeindre sa joie, ses transports, ses
discours sans suite, son silence et sa distraction;
tous ceux qui dépendent de lui se ressentent de
son bonheur : ses gens, qui ont manqué à ses
ordres, ne le trouvent à leur retour ni sévère,
ni impatient; il leur dit qu'ils ont bien fait de se
divertir, qu'il ne veut troubler la joie de personne. Le premier misérable qu'il rencontre est
comblé, sans l'avoir prévu, des marques de sa
compassion. Si tous les hommes, dit Aceste,
voulaient s'entr'aider, il n'y aurait point de malheureux ; mais l'affreuse et inexorable dureté
des riches retient tout pour elle, et la seule avarice fait toutes les misères de la terre.

II.

L'Important.

Un homme qui a médiocrement d'esprit et
beaucoup d'amour-propre, appréhende le ridi-

cule comme un déshonneur; quoiqu'il soit pé-
nétré de son mérite, la plus légère improbation
l'aigrit, et la plaisanterie la plus douce l'embar-
rasse; lui-même a cependant cette sincérité dé-
sagréable qui vient de l'humeur et de la séche-
resse de l'esprit, source de la raillerie la plus
amère. Il a l'esprit net, mais étroit, et plus juste
dans ses expressions que dans ses idées; la roi-
deur de son caractère fait haïr ses sincérités et
sa probité fastueuse : ses manières dures l'ont
aussi empêché de réussir auprès des femmes. Ce
sont là les plus grands chagrins qu'il ait éprou-
vés dans sa vie; mais ils ne l'ont pu corriger de
ses défauts : suivi de toutes les erreurs de la
jeunesse dans un âge déjà avancé, il joue encore
l'important parmi les siens, et ne peut se passer
du monde qui est son idole.

III.

Pison, ou l'Impertinent.

Ceux qui sont insolens avec leurs égaux, s'é-
chappent aussi quelquefois avec leurs supérieurs,
soit pour se justifier de leurs bassesses, soit par
une pente invincible à la familiarité et à l'imper-
tinence, qui leur fait perdre très-souvent le fruit
de leurs services, soit enfin par défaut de juge-

ment, et parce qu'ils ne sentent pas les bienséances. Tel s'est fait connaître Pison, jeune
homme ambitieux et sans mœurs, sans pudeur,
sans délicatesse ; d'un esprit hardi, mais peu
juste ; plus intempérant que fécond, et plus laborieux que solide ; patient néanmoins, complaisant, capable de souffrir et de se modérer, très-
brave à la guerre, où il avait mis l'espérance de
sa fortune, et propre à ce métier par son activité,
par son courage et par son tempérament inal-
térable dans les fatigues ; trop ami cependant du
faste ; engagé par ses espérances à une folle et
ruineuse profusion ; accablé de dettes contre l'honneur ; peu sûr au jeu, mais sachant soutenir avec
impudence un nom équivoque ; sachant sacrifier
les petits intérêts, et la réputation même à la
fortune ; incapable de concevoir qu'on pût parvenir par la vertu ; privé de sentiment pour le
mérite, esclave des grands, né pour les servir
dans le vice, pour les suivre à la chasse et à la
guerre, et vieillir parmi les opprobres, dans une
fortune médiocre.

IV.

Ergaste, ou l'Officieux par vanité.

Ergaste n'avait ni esprit ni passions, mais une
excessive vanité qui lui tenait lieu d'ame, et qui

était le principe de tout ce qu'on voyait en lui, sentimens, pensées, discours; c'était là tout son fonds et tout son être. Il n'aimait ni les femmes, ni le jeu, ni la musique, ni la bonne chère; tous les hommes, tous les pays, tous les livres lui étaient égaux; il n'aimait rien. Tout ce qui donnait dans le monde de la considération lui était également propre, et il n'y cherchait que cela. Empressé par cette raison à faire valoir ses talens; servant beaucoup de gens sans obliger personne; facile et léger, il promettait en même temps à plusieurs personnes ce qu'il ne pouvait tenir qu'à une seule. Un étranger arrivait dans la ville qu'*Ergaste* ne connaissait point, il allait le voir le premier, lui offrait ses chevaux et sa maison, et faisait redemander à son ami un remise (1) qu'il l'avait forcé de prendre peu auparavant. Toujours vain et précipité dans ses actions, et aussi peu capable de bien faire que de bien penser.

V.

Calistène.

Calistène ne connaît pas le plaisir qu'il peut y avoir dans un entretien familier, et à épancher son cœur dans le secret. S'il est seul avec

(1) Dans le manuscrit on lit *une remise*. ÉDIT.

une femme ou avec un homme d'esprit, il attend
avec impatience le moment de se retirer. Quoiqu'il soit assez vif, il paraît froid. Quoiqu'il soit
grand parleur, il ne parle point ; il bâille, il
regarde sa montre ; il se lève et il se rasseoit : on
sent qu'il n'est point à sa place, et que quelque
chose lui manque. Il lui faut un théâtre, une
école, et un peuple qui l'environne ; là il parle
seul et long-temps, et parle quelquefois avec sagesse. Les obligations indispensables de sa place,
ses études, ses distractions, ses attentions scru-
puleuses pour les grands, la préoccupation de
son mérite ne lui laissent pas le loisir de cultiver
ses amis, ni même d'avoir des amis. Il est ivre
de ses talens et de la faveur du public. Le commerce des grands qui le recherchent, lui a fait
perdre le goût de ses égaux. Il s'ennuie de ceux
qu'il estime, lorsqu'ils n'ont que de l'agrément
et du mérite, quoiqu'il ne prime lui-même que
par cet endroit. Il n'honore que la vertu, et ne
néglige que les vertueux. Laborieux d'ailleurs,
pénétrant, d'un esprit facile et orné, fécond par
sa vivacité et sa mémoire, mais sans invention ;
tel qu'il faut pour tromper les yeux du peuple et
pour captiver ses suffrages.

VI.

Cotin, ou le bel Esprit.

Cotin se pique d'estimer les grandes choses, parce qu'il est vain. Il affecte de mépriser l'éloquence de l'expression et la justesse même des pensées, qui, à ce qu'il dit quelquefois, ne sont point essentielles au sublime. Il ignore que le génie ne se caractérise en quelque sorte que par l'expression. La seule éloquence qu'il aime est l'ostentation et l'enflure. Il réclame (1) ces vers pompeux et ces magnifiques tirades qu'on a tant vantées autrefois :

> Sermens fallacieux, salutaire contrainte,
> Que m'imposa la force et qu'accepta ma crainte,
> Heureux déguisemens d'un immortel courroux,
> Vains fantômes d'État, évanouissez-vous !
> . . . .
> Et vous qu'avec tant d'art cette feinte a voilée,
> Recours des impuissans, haine dissimulée,
> Digne vertu des rois, noble secret de cour,
> Éclatez, il est temps, et voici votre jour (2).

(1) Dans le manuscrit on lit *il réclame;* si l'auteur n'a pas voulu dire *il déclame,* il donnait au verbe réclamer une autre acception que celle reçue de nos jours. Il lui fait signifier, *il dit une seconde fois, il répète.* ÉDIT.

(2) Ces vers, par lesquels Cléopâtre fait son entrée en scène au second acte dans la *Rodogune* de P. Corneille, sont regardés par Palissot comme fort beaux; cependant il faut avouer avec Vauvenargues qu'ils ne sont pas exempts d'enflure. ÉDIT.

Cotin sait encore admirer des sentences et des antithèses, même hors de leur place ; mais il ne connaît ni la force, ni les mouvemens des passions, ni leur désordre éloquent, ni leurs hardiesses, ni ce sublime simple qu'elles cachent dans leurs expressions naturelles ; car les hommes vains n'ont point d'ame, et croient la grandeur dans l'esprit. Ils aiment les sciences abstraites, parce qu'elles sont épineuses, et supposent un esprit profond. Ils confondent l'érudition et l'étalage avec l'étendue du génie. Partisans passionnés de tous les arts, afin de persuader qu'ils les connaissent, ils parlent avec la même emphase d'un statuaire, qu'ils pourraient parler de Milton. Tous ceux qui ont excellé dans quelque genre, ils les honorent des mêmes éloges ; et si le métier de danseur s'élevait au rang des beaux-arts, ils diraient de quelque sauteur, *ce grand homme, ce grand génie* ; ils l'égaleraient à Virgile, à Horace, et à Démosthènes.

VII.

Egée, ou le bon Esprit.

Egée, au contraire, est né simple, paraît ne se piquer de rien, et n'est ni savant, ni curieux ; il hait cette vaine grandeur que les esprits faux idolâtrent, mais la véritable l'enchante et s'empare de tout son cœur. Son ame obsédée des images du sublime et de la vertu, ne peut être attentive aux arts qui peignent de petits objets. Le pinceau naïf de Dancourt (1) le surprend sans le passionner, parce que cet auteur comique n'a saisi que les petits traits et les grossièretés de la nature. Ainsi il met une fort grande différence entre ces peintures sublimes qui ne peuvent être inspirées que par les sentimens qu'elles expriment, et celles qui n'exigent ni élévation, ni grandeur d'esprit dans les peintres, quoiqu'elles demandent autant de travail et de génie. Egée laisse adorer, dit-il, aux artisans, l'artisan plus habile qu'eux ; mais ils ne peut etimer les talens que par le caractère qu'ils annoncent. Il respecte le cardinal de Richelieu comme un grand homme,

---

(1) *Dancourt* (Florent-Carton,) né à Fontainebleau le 1er novembre 1661, mort à Courcelle-le-Roi en Berri le 16 décembre 1726, fit d'excellentes études sous le P. La Rue, qui voulait l'attacher à son ordre ; mais Dancourt préféra le barreau au cloître. Dégoûté de la profession d'avocat, il se fit comédien, et devint en même temps acteur et auteur distingué. Ses pièces, qui dans la nouveauté obtinrent le plus grand succès, se distinguent par un dialogue léger, vif, rapide, plein de gaîté et de saillies : elles se soutiennent aujourd'hui difficilement à la représentation. Les bonnes traditions pour les jouer seraient-elles perdues ? ÉDIT.

et il admire Raphaël (1) comme un grand peintre;
mais il n'oserait égaler des vertus d'un prix si
inégal. Il ne donne point à des bagatelles ces
louanges démesurées que dictent quelquefois
aux gens de lettres l'intérêt ou la politique; mais
il loue très-sincèrement tout ce qu'il loue, et
parle toujours comme il pense.

VIII.

Le Critique borné.

Il n'y a point de si petit peintre qui ne porte
son jugement du Poussin (2) et de Raphaël. De
même un auteur, tel qu'il soit, se regarde, sans
hésiter, comme le juge de tout autre auteur.
S'il rencontre des opinions dans un ouvrage qui
anéantissent les siennes, il est bien éloigné de
convenir qu'il a pu se tromper toute sa vie. Lorsqu'il n'entend pas quelque chose, il dit que l'auteur est obscur, quoiqu'il ne soit pour d'autres
que concis; il condamne tout un ouvrage sur
quelques pensées, dont il n'envisage quelquefois
qu'un seul côté. Parce qu'on démêle aujourd'hui
les erreurs magnifiques de Descartes, qu'il

(1) *Raphaël* (Sanzio), né à Urbin l'an 1483, mourut à Rome en
1520. ÉDIT.

(2) *Poussin* (Nicolas), né aux Andelys en Normandie en 1594,
d'une famille noble et très-pauvre, mourut à Rome en 1665. ÉDIT.

n'aurait jamais aperçues de lui-même, il ne manque pas de se croire l'esprit bien plus juste que ce philosophe : quoiqu'il n'ait aucun sentiment qui lui appartienne, presque point d'idées saines et développées, il est persuadé cependant qu'il sait tout ce qu'on peut savoir ; il se plaint continuellement qu'on ne trouve rien dans les livres de nouveau ; et si on y met quelque chose de nouveau, il ne peut ni le discerner, ni l'apprécier, ni l'entendre : il est comme un homme à qui on parle un idiome étranger qu'il ne sait point, incapable de sortir de ce cercle de principes connus dans le monde, qu'on apprend, en y entrant, comme sa langue.

IX.

Batylle, ou l'Auteur frivole.

Batylle cite Horace et l'abbé de Chaulieu (1) pour prouver qu'il faut égayer les sujets les plus sérieux, et mêler le solide à l'agréable ; il donne pour règle du style ces vers *délicats et légers :*

Qu'est-ce qu'esprit ? raison assaisonnée.
Par ce seul mot la dispute est bornée.

(1) *Chaulieu* (Guillaume Amfrye de), abbé d'Aumale, né en 1639 à Fontenai dans le Vexin Normand, mourut dans sa maison

Qui dit esprit, dit sel de la raison :
Donc sur deux points roule mon oraison :
Raison sans sel est fade nourriture ;
Sel sans raison n'est solide pâture.
De tous les deux se forme esprit parfait ;
De l'un sans l'autre, un monstre contrefait.
Or, quel vrai bien d'un monstre peut-il naître ?
Sans la raison, puis-je vertu connaître ?
Et, sans le sel dont il faut l'apprêter,
Puis-je vertu faire aux autres goûter ?

J. B. ROUSSEAU, *Épître à Clément Marot,*
Livre I, Épître III.

Selon ces principes qu'il commente, il n'oserait parler avec gravité et avec force, sans bigarrer son discours de quelque plaisanterie hors de sa place ; car il ne connaît pas les agrémens qui peuvent naître d'une grande solidité. Batylle ne sait donner à la vérité ni ces couleurs fortes qui sont sa parure, ni cette profondeur et cette justesse qui font sa hauteur ; ses pensées frivoles ont besoin d'un tour ingénieux pour se produire ; mais ce soin de les embellir en fait mieux sentir la faiblesse. Une grande imagination aime à se montrer tout nue, et sa simplicité, toujours éloquente, néglige les traits et les fleurs.

du Temple le 27 juin 1720. Ses poésies ont été recueillies : elles se distinguent par l'abandon, l'enjouement et la naïveté. ÉDIT.

X.

Ernest, ou l'Esprit présomptueux.

Un jeune homme qui a de l'esprit, n'estime d'abord les autres hommes que par cet endroit ; et à mesure qu'il méprise davantage ce que le monde honore le plus, il se croit plus éclairé et plus hardi ; mais il faut l'attendre. Lorsqu'on est assez philosophe pour vouloir juger des principes par soi-même, il y a comme un cercle d'erreurs par lequel il est difficile de se dispenser de passer. Mais les grandes ames s'éclairent dans ces routes obscures où tant d'esprits justes se perdent ; car elles ont été formées pour la vérité, et elles ont des marques pour la reconnaître qui manquent à tous ceux qui l'ont reçue de la seule autorité des préjugés.

Ernest, dans un âge qui excuse tout, ne promet pas cependant cet heureux retour ; né avec de l'esprit, il sert de preuve qu'il y a des vérités qu'on ne connaît que par le cœur. Semblable à ceux qui n'ayant point d'oreille font des systèmes ingénieux sur la musique, ou prennent le parti de nier l'harmonie, et disent qu'elle est arbitraire et idéale, Ernest ose assurer que la vertu n'est qu'un fantôme ; il est très-persuadé que les grands hommes sont ceux qui ont su le plus habilement tromper les autres. César, selon lui, n'a été clément, Marius sévère, Scipion modéré, que parce qu'il convenait ainsi à leurs intérêts. Il croit que Caton et Brutus auraient été de petits-maîtres dans ce siècle, parce qu'il leur eût été plus honorable et plus utile. Si on lui nomme M. de Turenne ou le maréchal de Vauban, si sincèrement vertueux malgré la mode, il n'estime pas de tels personnages, qui n'ont été grands que par instinct, et les traite de petits génies, avec quelques femmes de ses amies qui ont de l'esprit *comme les anges*. En un mot, il est convaincu qu'on ne fait de véritablement grandes choses que par réflexion, et rapporte tout à l'esprit, comme tous ceux qui manquent par le cœur, et qui croyant ne dépendre que de la raison, sont éternellement les dupes de l'opinion et du plus petit amour-propre.

VARIANTES.[*]

I.

Titus, ou l'Activité.

Titus se lève seul et sans feu pendant l'hiver; et quand ses domestiques entrent dans sa chambre, ils trouvent déjà sur sa table plusieurs lettres qui attendent la poste. Il commence à la fois plusieurs ouvrages qu'il achève avec une rapidité inconcevable, et que son génie impatient ne lui permet pas de polir. Quelque chose qu'il entreprenne, il lui est impossible de la retarder; une affaire qu'il remettrait l'inquiéterait jusqu'au moment qu'il pourrait la reprendre. Incapable de se fixer à quelque art, ou à quelque affaire, ou à quelque plaisir que ce puisse être, il cultive en même temps plusieurs sociétés et plusieurs études. Son esprit ardent et insatiable ne lui laisse point de repos; la conversation même n'est pas un délassement pour lui. Il ne parle point, il négocie, il intrigue,

---

[*] Ces Variantes se rapportent aux caractères déjà donnés dans les œuvres de Vauvenargues.

il flatte, il cabale; il ne comprend pas que les
hommes puissent parler pour parler, ou agir
seulement pour agir, et quand la tyrannie des
bienséances le retient inutilement en quelque endroit, ses pensées s'égarent ailleurs, ses yeux
sont distraits, son visage est sensiblement altéré,
et on voit sans beaucoup de peine que son ame
souffre. S'il recherche quelque plaisir, il n'y emploie pas moins de mánége que dans les affaires
les plus sérieuses; et cet usage qu'il fait de son
esprit, l'occupe plus vivement que le plaisir
même qu'il poursuit. Sain et malade, il conserve la même activité; l'âge même ne peut
éteindre cette ardeur inquiète qui use ses jours,
ni donner des bornes à son ambition, à ses
voyages et à ses intrigues.

II.

Le Paresseux.

Au contraire un homme pesant se lève le plus
tard qu'il peut, dit qu'il a besoin de sommeil,
et qu'il faut qu'il dorme pour se porter bien. Il
est toute la matinée à se laver la bouche; il tra-
casse en robe de chambre, prend du thé à plusieurs reprises; et ne sort jamais qu'à la nuit.
S'il va voir une jeune femme, que cette visite
importune, mais qui ne veut pas que personne

sorte mécontent d'auprès d'elle, il lui laisse toute la peine de l'entretenir, ne s'aperçoit pas que lui-même parle peu, ou ne parle point, et n'imagine pas qu'il y ait au monde quelqu'un qui s'ennuie. Il rêve, il sommeille, il digère, il sue d'être assis; et son ame, qui est entièrement ramassée dans ses durs organes, pèse sur ses yeux, sur sa langue, et sur les imaginations les plus actives de ceux qui l'écoutent. Malheureux d'ignorer les craintes, les desirs et les inquiétudes qui agitent les autres hommes, puisqu'il ne jouit du repos qu'au prix plus touchant des plaisirs.

III.

Cléon, ou la folle ambition.

Cléon a passé sa jeunesse dans l'obscurité, entre la vertu et le crime. Vivement occupé de sa fortune avant de se connaître, et plein de projets chimériques dès l'enfance, il se repaissait de ces songes dans un âge mûr. Son naturel ardent et mélancolique ne lui permettait pas de se distraire de cette sérieuse folie. Il comprenait à peine que les autres hommes pussent être touchés par d'autres biens; et s'il voyait des gens qui allaient à la campagne dans l'automne, pour jouir des présens de la nature, il ne leur enviait

ni leur gaieté, ni leur bonne chère, ni leurs
plaisirs. Pour lui il ne se promenait point, il
ne chassait point, il ne faisait nulle attention au
changement des saisons : le printemps n'avait à
ses yeux aucune grâce ; s'il allait quelquefois à la
campagne, c'était pendant la plus grande rigueur de l'hiver, afin d'être seul, et de méditer
plus profondément quelque chimère. Il était
triste, inquiet, rêveur, extrême dans ses espérances et dans ses craintes, immodéré dans ses
chagrins et dans ses joies; peu de chose abattait
son esprit violent, et les moindres succès le rele-
vaient. Si quelque lueur de fortune le flattait de
loin, alors il devenait plus solitaire, plus dis-
trait et plus taciturne : il ne dormait plus ; il ne
mangeait point, la joie consumait ses entrailles
comme un feu ardent qu'il portait au fond de lui-
même. Les soucis ou les espérances le tenaient
toujours aliéné. Sa cruelle et triste ambition
dévorait la fleur de ses jours; et dans sa plus
grande jeunesse, si quelqu'un, trompé par son
âge, essayait de le divertir et d'ouvrir son ame à
la joie, il sentait aussitôt en lui je ne sais quelle
humeur hautaine qui inspirait de la retenue, et
qui repoussait le plaisir. Ses amis ne pénétraient
point le profond secret de son cœur; et la médiocrité de sa fortune l'ayant obligé de cacher

l'étendue de son ambition, ce sérieux inquiet et austère passait pour sagesse. Tant les hommes sont peu capables de se concevoir les uns les autres !

IV.

Thersite.

Thersite a soin de ses cheveux et de ses dents. Il aime une excessive propreté, et il est élégant dans sa parure, autant qu'il est permis de l'être dans un camp. Il monte à cheval dès le matin; il accompagne exactement l'officier de jour, et ne néglige aucune des pratiques qui peuvent le faire connaître de ceux qui commandent. Il affecte de s'instruire par ses propres yeux des moindres choses : le major général ne dicte jamais l'ordre que Thersite ne le voie écrire; et comme il est le premier à marcher de sa brigade, et qu'on le cherche partout, on apprend qu'il est volontaire à un fourrage qui se fait sur les derrières du camp, et un autre marche à sa place. Ses camarades ne l'estiment point, ne l'aiment point; mais il ne vit pas avec eux, il les évite; et si quelque officier général lui demande le nom d'un officier de son régiment qui est de garde, Thersite affecte de répondre qu'il le connaît bien, mais qu'il ne se souvient pas de son nom. Il est empressé, officieux, familier, et pourtant très-bas avec tous les grands de l'armée. Il est l'ami des capitaines, de leurs gardes et de leurs secrétaires. Il leur vend des chevaux et des fourgons, et gagne leur argent au jeu. S'il y a malheureusement de la désunion entre les chefs, il tâche de tenir à tous les partis. Il fait sa cour chez les deux maréchaux, et raconte le soir chez Fabius ce qu'il a ouï dire le matin dans l'autre camp. Personne ne sait mieux que lui les tracasseries de l'armée. Il est de ces soupers de société où l'on se divertit des maux publics, et où l'on jette finement du ridicule sur tous ceux qui font leur devoir. Thersite a toujours dans sa poche les cartes du pays où l'on fait la guerre ; il étend une de ces cartes sur la table, et il fait remarquer avec le doigt les fautes qu'on a faites. Il parle ensuite d'un projet de campagne qu'il a fait lui-même, et dit qu'il écrit des mémoires de toutes les opérations dont il a pu être témoin. Il est nouvelliste, il est politique. Il n'y a point de talent ni de mérite dont il ne se pique ; celui qu'il possède le mieux, est l'art de railler la vertu, et de se faire supporter des gens en place. Il n'y a point de si vil service qu'il ne soit tout prêt de leur rendre ; et s'il se trouve chez le duc Eugène, lorsque celui-ci se débotte, Thersite fait un mouvement pour lui présenter ses souliers ; mais comme il s'aperçoit qu'il y a autour de lui beaucoup de monde, il laisse prendre les souliers à un valet, et rougit en se relevant.

V.

Lisias, ou la fausse éloquence.

Lisias sait orner ce qu'il pense, et raconte mieux qu'il ne juge. Il aime à parler ; il écoute peu ; il se fait écouter long-temps, et s'étend sur des bagatelles afin d'y placer toutes ses fleurs. Il ne pénètre point ceux à qui il parle ; il ne cherche point à les pénétrer. Bien loin d'aspirer à flatter leurs passions ou leurs espérances, il paraît supposer que tous les hommes ne sont nés que pour l'admirer, et pour recueillir les paroles qui daignent sortir de sa bouche. Il n'a de l'esprit que pour lui ; il ne laisse pas même aux autres le temps d'en avoir pour lui plaire. Si quelqu'un d'étranger chez lui a la hardiesse de le contredire, Lisias continue à parler ; ou s'il est obligé de lui répondre, il affecte d'adresser la parole à tout autre que celui qui pourrait le redresser. Il prend pour juge de ce qu'on lui dit quelque complaisant qui n'a garde de penser autrement que lui. Il sort du sujet dont on parle, et s'épuise en comparaisons. A propos d'une petite expérience de physique, il parle de tous les systèmes de physique. Il croit les orner, les déduire, et personne ne les entend. Il finit en disant qu'un homme qui invente un fauteuil plus commode, rend plus de service à l'État que celui qui fait un nouveau système de philosophie. Ainsi il méprise lui-même les choses qu'il se pique cependant d'avoir apprises, car il lit jusqu'aux voyageurs, et jusqu'aux relations des missionnaires. Il raconte de point en point les coutumes d'Abyssinie, et les lois de l'Empire de la Chine. Il dit ce qui fait la beauté en Éthiopie, et il conclut que la beauté est arbitraire, puisqu'elle change selon les pays. Sa conversation est un étalage perpétuel de son érudition et de son éloquence. Ses années et ses dignités lui ont inspiré cet orgueil qui lui fait dédaigner l'esprit des autres. Moins bien établi dans le monde, il parlait quelquefois pour plaire et se faire mieux écouter ; mais l'âge, en fixant la fortune et les espérances des hommes, détruit leurs vertus.

VI.

Le mérite frivole.

Un homme du monde est celui qui a beaucoup d'esprit inutile, qui sait dire des choses flatteuses qui ne flattent point ; des choses sensées qui n'instruisent point ; qui ne peut persuader personne quoiqu'il parle bien. Doué de cette sorte d'éloquence qui sait créer ou embellir les bagatelles, et qui anéantit les grands sujets. Aussi pénétrant sur le ridicule et sur tous les dehors des hommes, qu'il l'est peu sur le fond de leur esprit. Un homme riche en paroles et en extérieur ; qui ne pouvant primer par le bon sens, s'efforce de paraître par la singularité ; qui craignant de peser par la raison, pèse par son inconséquence et ses écarts ; qui a besoin de changer sans cesse de lieux et d'objets, et ne peut suppléer par la variété de ses amusemens le défaut de son propre fonds.

VII.

Trasillé, ou les gens à la mode.

Trasillé n'a jamais souffert qu'on fît de réflexions en sa présence, et que l'on eût la liberté de parler juste. Il est vain, caustique et railleur, n'estime et n'épargne personne, change incessamment de discours, ne se laisse ni manier, ni user, ni approfondir, et fait plus de visites en un jour que Dumoulin (1), ou qu'un homme qui

(1) *Dumoulin*, dont le vrai nom est *Molin* (N.), célèbre médecin, mort à Paris en 1755 à l'âge de quatre-vingt-neuf ans, sans postérité, et riche de seize cent mille livres. ÉDIT.

sollicite pour un grand procès. Ses plaisanteries
sont amères. Il loue rarement ; il y a même peu
de louanges qu'il daigne écouter. Il est dur,
avare, impérieux. Il a de l'ambition par arrogance, et quelque crédit par audace. Les femmes
le courent ; il les joue. Il ne connaît pas l'amitié.
Il est tel que le plaisir même ne peut l'attendrir
un moment.

VIII.

Théophile, ou la profondeur.

Théophile a été touché dès sa jeunesse d'une
forte curiosité de connaître le genre humain et
le différent caractère des nations. Poussé par ce
puissant instinct, et peut-être aussi par l'erreur
de quelque ambition plus secrète, il a consumé
ses beaux jours dans l'étude et dans les voyages ;
et sa vie, toujours laborieuse, a toujours été
agitée. Son goût s'est tourné de bonne heure du
côté des grandes affaires et de l'éloquence solide.
Il est simple dans ses paroles, mais hardi et
fort. Il parle quelquefois avec une liberté qui ne
peut lui nuire, et qui écarte cependant la défiance de l'esprit d'autrui. Il paraît d'ailleurs
comme un homme qui ne cherche point à pénétrer les autres, mais qui suit la vivacité de son
humeur. Lorsqu'il veut faire parler un homme

froid, il le contredit quelquefois pour l'animer ; et si celui-ci dissimule, sa dissimulation et son silence parlent à Théophile : car il sait quelles sont les choses que l'on cache ; tant il est difficile de lui échapper. Il tourne, il manie un esprit, il le feuillete, si j'ose ainsi dire, comme on discute un livre qu'on a sous les yeux, et qu'on ouvre à divers endroits, et cela d'un air si naïf, si peu préparé, si rapide, que ceux qu'il a surpris par ses paroles, se flattent eux-mêmes de lire dans ses plus secrètes pensées. Sa simplicité leur impose : son esprit profond ne peut être ainsi mesuré. La force et la droiture de son jugement lui suffisent pour pénétrer les autres hommes ; mais il échappe à leur curiosité sans artifice, par la seule étendue de son génie. Théophile est la preuve que l'habileté n'est pas uniquement un art, comme les hommes faux se le figurent. Une forte imagination, un grand sens, une ame éloquente, subjuguent sans effort et sans finesse les esprits les plus défians ; et cette supériorité des grands génies les cache bien plus sûrement que le mensonge, ou que la dissimulation, toujours inutiles aux fourbes contre la prudence.

IX.

Turnus, ou le chef de parti.

Turnus est le médiateur de ceux qui par le caractère de leurs sentimens, ou par la disposition de leur fortune, ont besoin d'un milieu qui les rapproche, et qui concilie leurs esprits. Deux hommes qui ne se comprennent point, trouvent tous les deux près de lui la justice qu'ils se refusent et l'estime qui leur est due. Sans sortir de son caractère, il atteint naturellement et sans effort à l'esprit et aux sentimens des autres hommes. Ses insinuations pleines de force, lui assujétissent le cœur de ceux que l'autorité de ses emplois a déjà attachés à sa fortune. S'il est à l'armée, en voyage, s'il s'arrête un seul jour dans une ville, il s'y fait dans ce peu de temps des créatures. Quelques uns abandonnent leur province dans la seule espérance de le retrouver et d'en être protégés dans la capitale. Ils ne sont point trompés dans leur attente ; Turnus les reçoit parmi ses amis, et il leur tient lieu de patrie. Il ne ressemble point à ceux qui, capables par vanité et par industrie de se faire des créatures, les perdent par légèreté ou par paresse, qui promettent toujours plus qu'ils ne tiennent, et ne retirent de leurs artifices qu'une réputation plus pernicieuse que la vérité. Turnus (1) ne cultive les hommes que pour satisfaire son génie bienfaisant et accessible, pour jouir de cet as- cendant que la nature donne à la bonté sur les cœurs. Il est amoureux de l'empire que l'on peut acquérir par la vertu, ou par les séductions de l'éloquence. Son esprit flexible sait prendre des formes trompeuses ; mais son ame est droite et sincère.

X.

Lentulus, ou le factieux.

Lentulus se tient renfermé dans le fond d'un vaste édifice qu'il a fait bâtir, et où son ame austère s'occupe en secret de projets ambitieux et téméraires. Là le peuple dit qu'il travaille le jour et la nuit pour tendre des piéges à ses enne-

(1) Il y a dans le manuscrit deux variantes de ce caractère. La seconde ne diffère de celle-ci que dans les phrases qui suivent, et qui terminent ainsi le caractère : *Turnus ne cultive les hommes que pour satisfaire son génie bienfaisant et accessible, pour les dominer par l'esprit, pour les surpasser en vertu, pour jouir de cet ascendant que la nature donne à la bonté sur les cœurs. Il est amoureux de l'empire que l'on peut acquérir par la raison et par les séductions de l'éloquence ; ses paroles sont plus aimables que ses bienfaits mêmes, et sa haute naissance moins considérée que ses qualités personnelles.*

mis, pour éblouir les étrangers par des écrits, et amuser les grands par des promesses. Sa maison quelquefois est pleine de gens inconnus, qui attendent pour lui parler, qui vont et qui viennent. Quelques uns n'y entrent que la nuit et travestis, et on les voit sortir devant l'aurore. Lentulus fait des associations avec des grands qui le haïssent, pour se soutenir contre d'autres grands dont il est craint. Inaccessible aux hommes inutiles, il a des agens parmi le peuple qui ménagent pour lui sa bienveillance ; et quand il se montre en public, ses émissaires, zélés pour sa gloire, excitent les enfans à l'applaudir. Lentulus porte jusque dans les armées et dans le tumulte des camps, cette application infatigable qui le cache aux hommes oisifs ; et pendant qu'il est obsédé de ses créatures, qu'il donne des ordres, ou qu'il médite des intrigues, le peuple volage des centurions se lasse à sa porte, et laisse échapper des murmures contre un général invisible. On croit qu'il emploie sa retraite à traverser secrètement les entreprises du consul qui commande en chef. On dit qu'il fait en sorte que les subsistances manquent au quartier général, pendant que tout abonde dans son propre camp. Le consul appuie lui-même ces bruits (1) inju-

(2) Le manuscrit renferme également deux variantes. Dans la

rieux, et toute l'armée se partage entre ses deux chefs désunis. S'il arrive alors que les troupes de la république reçoivent quelque échec de l'ennemi, aussitôt les courriers de Lentulus font retentir la capitale de ses plaintes contre le consul ; le peuple s'assemble dans les places par pelotons , et les créatures de Lentulus ont grand soin de lire des lettres , par lesquelles il paraît qu'il a sauvé l'armée d'une entière défaite ; toutes les gazettes répètent les mêmes bruits, et le consul est obligé de se défendre par des manifestes. Le

seconde, qui ne diffère qu'en cet endroit, le caractère finit ainsi : *Il n'y a point de bruit que l'envie n'adopte avidement contre les hommes qui sont nés supérieurs aux autres.* S'il arrive alors que les troupes de la république reçoivent quelque échec de l'ennemi, aussitôt les courriers de Lentulus font retentir la capitale de ses plaintes contre le consul ; le peuple s'assemble dans les places par pelotons , et les créatures de Lentulus ont grand soin de lire des lettres par lesquelles il paraît qu'il a sauvé l'armée d'une entière défaite ; toutes les gazettes répètent les mêmes bruits , et le consul est obligé de se défendre par des manifestes. *Ceux qui savent la vérité, et qui ne sont point entraînés par des motifs particuliers, rendent cette justice à Lentulus , qu'en agissant quelquefois contre ses ennemis personnels, son ame, attachée à sa gloire, a toujours respecté l'État. Mais l'ambition, la hauteur, et plus que tout cela, les grands talens, révoltent aisément la multitude ; le soupçon et la calomnie suivent le mérite éclatant, et le peuple cherche des crimes à ceux qu'il estime assez courageux pour les entreprendre, et assez habiles pour les cacher.*

sénat ne peut prononcer entre deux si grands
capitaines. Il dissimule les mauvais offices qu'ils
veulent se rendre, afin de les forcer par la
douceur à servir à l'envi la république. Leurs
talens lui sont plus utiles que leur jalousie n'est
nuisible. C'est cette ambition des grands hommes
qui fait la grandeur des États.

XI.

Clazomène, ou la Vertu malheureuse.

Clazomène a fait l'expérience de toutes les
misères de l'humanité. Les maladies l'ont assié-
gé dès son enfance, et l'ont sevré dans la fleur
de son âge de tous les plaisirs. Né pour des chagrins plus secrets, il a eu de la hauteur et de
l'ambition dans la pauvreté ; il s'est vu méconnu
dans ses disgrâces de ceux qu'il aimait ; l'injure
a flétri sa vertu, et il a été offensé de ceux dont
il ne pouvait prendre de vengeance. Ses talens,
son travail continuel, son attachement pour ses
amis, n'ont pu fléchir la dureté de sa fortune ;
sa sagesse même n'a pu le garantir de commettre
des fautes irréparables. Il a souffert le mal qu'il
ne méritait pas, et celui que son imprudence lui
a attiré. La mort l'a surpris au milieu d'une si
pénible carrière, dans le plus grand désordre
de sa fortune. Il a eu le regret de quitter la vie

sans laisser assez de bien pour payer ses dettes, et n'a pu sauver sa vertu de cette tache. Le hasard se joue du travail et de la sagesse des hommes ; mais la prospérité des hommes faibles ne peut les élever à la hauteur que la calamité inspire aux ames fortes, et ceux qui sont nés courageux, savent vivre et mourir sans gloire.

XII.

Timocrate, ou le scélérat (1).

Timocrate est venu au monde avec cette haine inflexible de toute vertu, et ce mépris féroce de la gloire, qui couvrent la terre de crimes. Ni la prospérité, ni la misère qu'il a éprouvées tour à tour n'ont pu lui enseigner l'humanité. Fastueux et violent dans le bonheur ; téméraire et farouche dans l'adversité, il a été cruel jusque dans ses plaisirs, et barbare après ses vengeances. Ministre de la cruauté et de la corruption des autres hommes, esclave insolent des grands ambitieux, séducteur audacieux de la jeunesse, il ne se commet point de meurtres ni de brigandages où son noir ascendant ne le fasse tremper. Son génie violent et hardi l'a mis à la tête de tous les débauchés et les scélérats, et pré-

(1) C'est à peu près le même que Phalante, dans les OEuvres.

side en secret à tous les crimes qui sont ense-
velis dans les ténèbres. Une main cachée, mais
puissante, le dérobe aux rigueurs de la justice ;
entouré d'opprobres, il marche la tête levée ;
il menace de ses regards les sages et les vertueux ;
sa témérité insolente triomphe des lois.

XIII.

Alcipe.

Alcipe a pour les choses rares cet empressement qui témoigne un goût inconstant pour
celles qu'on possède. Sujet en effet à se dégoûter
des plus solides, parce qu'il a moins de passion
que de curiosité pour elles ; peu propre par stéri-
lité à tirer long-temps des mêmes choses et des
mêmes hommes de nouveaux usages ; sobre et
naturel dans son goût, mais touché quelquefois
dans ses lectures du bizarre et du merveilleux ;
laissant emporter son esprit, qui manque peut-
être un peu d'assiette, au plaisir rapide de la
surprise ; dominé volontairement par son imagination, et cherchant dans le changement, ou
par le secours des fictions, des objets qui éveil-
lent son ame trop peu attentive et vide de grandes
passions ; cependant, très-ami du vrai, capable
de sentir le beau, et de s'élever jusqu'au grand,

mais trop paresseux et trop volage pour s'y soutenir ; hardi dans ses projets et dans ses doutes,
mais timide à croire et à faire ; défiant avec les
habiles, par la crainte qu'ils n'abusent de son
caractère sans précautions et sans artifice ;
fuyant les esprits impérieux, qui l'obligent à
sortir de son naturel pour se défendre ; et
font violence à sa timidité et à sa modestie :
épineux par la crainte d'être dupe : comme il
hait les explications par timidité ou par paresse, il laisse aigrir plusieurs sujets de plainte
sur son cœur, trop faible également pour vaincre et pour produire ces délicatesses : tels sont
ses défauts les plus cachés. Quel homme n'a
pas ses faiblesses ? Celui-ci joint à l'avantage
d'un beau naturel un coup d'œil fort vif et fort
juste ; personne ne juge plus sainement des
choses au degré où il les pénètre ; il ne les suit
pas assez loin : la vérité échappe trop promptement à son esprit, naturellement vif, mais
faible, et plus pénétrant que profond ; son goût,
d'une justesse rare sur les choses de sentiment,
saisit avec peine celles qui ne sont qu'ingé-
nieuses : trop naturel pour être affecté de l'art,
il ignore jusqu'aux bienséances ; estimable par
cette grande et précieuse simplicité ; par la
droiture de ses sentimens, et par ces clartés

imprévues d'un heureux instinct, que la nature
n'a point accordées aux esprits subtils et aux
cœurs nourris d'artifices.

XIV.

Le Flatteur insipide.

Un homme parfaitement insipide est celui
qui loue indifféremment tout ce qu'il croit utile
de louer ; qui, lorsqu'on lui lit un roman protégé d'une société, le trouve digne de l'auteur du
Sopha (1), et feint de le croire de lui ; qui demande à un grand seigneur qui lui montre une
ode, pourquoi il ne fait pas une tragédie ou un
poème épique ; qui, du même éloge qu'il donne
à Voltaire, régale un auteur qui s'est fait siffler
sur les trois théâtres ; qui, se trouvant à souper
chez une femme qui a la migraine, lui dit tris-
tement, que la vivacité de son esprit la con-
sume comme Pascal, et qu'il faut l'empêcher
de se tuer : un homme qui n'a point d'avis à soi,
qui fait profession de suivre l'avis des autres ;
qui sait même, dans le besoin, associer les contraires pour ne contredire personne ; enfin un
esprit subalterne, qui est né pour céder, pour
fléchir, et pour porter le joug des autres hommes
par inclination et par choix.

(1) Roman de Crébillon le fils. ÉDIT.

XV.

Timagène, ou la fausse singularité (1).

Qui croirait qu'on trouvât des hommes complaisans par goût et avec dessein, pendant que tant d'autres évitent de se rencontrer avec le vulgaire, et se piquent grossièrement de singularité dans leurs idées. Ne parlez jamais d'éloquence à Timagène; ou, si vous voulez lui complaire, ne lui nommez pas Cicéron, il vous ferait d'abord l'éloge d'Abdallah, d'Abutales et de Mahomet, et vous assurerait que rien n'égale la sublimité des Arabes. Lorsqu'il est question de la guerre, ce n'est ni le vicomte de Turenne, ni le grand Condé qu'il admire; il leur préfère d'anciens généraux dont on ne connaît que les noms et quelques actions contestées; en tel genre que ce puisse être, si vous lui citez deux grands hommes, soyez sûr qu'il choisira toujours le moins illustre. Timagène croit follement qu'on peut se rendre original à force d'affectation, et c'est là ce qu'il ambitionne; il affecte de n'être point suivi dans ses discours, comme un homme qui ne parle que par inspiration et par saillies: dites-lui quelque chose de sérieux, il répond

(1) Le même que Phocas.

II.

par une plaisanterie : parlez-lui de choses frivoles, il entame un discours sérieux ; il dédaigne de contredire, mais il interrompt ; il voudrait vous faire comprendre que son imagination le domine ; que, d'ailleurs, vous ne dites rien qui l'intéresse, parce qu'il est trop supérieur à vos conceptions. Ses discours, son ton, ses manières, son silence et sa distraction, tout vous avertit qu'il n'y a rien qui ne soit usé pour un homme qui pense et qui sent comme lui.

XVI.

Midas, ou le sot qui est glorieux.

Le sot qui a de la vanité est ennemi des talens. Si Midas est chez une femme, et qu'il entre un homme d'esprit qu'elle lui présente, Midas le salue légèrement et ne répond point. Si cet homme d'esprit ne s'en va pas, et qu'il attire au contraire l'attention à lui, Midas s'asseoit (1) seul près d'une table, et compte des jetons ou mêle des cartes. Comme il paraît dans le monde un livre qui fait quelque bruit, Midas jette les yeux d'abord sur la fin, et puis vers le milieu du livre ; ensuite il prononce que l'ouvrage manque d'ordre, et qu'il est impossible de l'achever. On

_____
(1) Il faudrait, *s'assied.*

parle devant lui d'une victoire que le héros du
Nord (1) a remportée, et sur ce qu'on raconte
des prodiges de sa capacité et de sa valeur,
Midas assure positivement que la disposition de
la bataille a été faite par M. de Rottembourg
qui n'y était pas. Il ne peut entrer dans sa tête,
qu'un prince qui aime les arts, et qui honore
de quelque bonté ceux qui les cultivent, soit
capable de concevoir de grandes choses et de
les exécuter avec sagesse.

XVII.

Dracon, ou le petit homme (2).

Je pourrais nommer d'autres hommes qui ne
méprisent pas les lettres comme celui-ci, mais
qui leur font plus de tort : ce sont ceux qui les
cultivent avec peu de goût et avec un esprit très-
limité. Ceux-ci admirent les vers de La Mothe,
l'*Histoire romaine* de Rollin (3), les *Allégories*

(1) Nom par lequel Voltaire a souvent désigné FRÉDÉRIC-LE-
GRAND. ÉDIT.

(2) Le même que Lacon.

(3) *Rollin* (Charles), né à Paris le 30 janvier 1661, fut d'abord
destiné à suivre la profession de son père qui était coutelier ; un
moine le fit placer au collège du Plessis, dont Gobinet était alors
principal. Rollin devint professeur, puis recteur de l'Université,
et mourut à Paris le 14 septembre 1741. ÉDIT.

de Dracon, et beaucoup d'autres pareils ouvrages
qui sont à peu près à leur portée. Adorateurs su-
perstitieux de tous les morts qui ont eu quelque
réputation, ils mettent dans la même classe Bossuet et Fléchier, et croient faire honneur à Pascal
de le comparer à Nicole. C'est une licence effré-
née à leur tribunal, de trouver des défauts
à Pélisson (1), et de ne pas mettre Patru (2)
ou Chapelle (3) au rang des grands hommes.
On n'attaque point un auteur médiocre, qu'ils
ne se sentent atteints du même coup, et qu'ils
ne demandent justice. Ils vantent, ils appuient,
ils défendent tous ceux des auteurs contemporains que le public réprouve ; ils se liguent ;
avec eux contre le petit nombre des habiles ;

(1) *Pélisson-Fontanier* (Paul), né à Béziers en 1624, mourut
à Versailles le 7 février 1693. Écrivain élégant et facile ; il a
droit surtout à l'admiration de la postérité pour son généreux
dévouement envers le malheureux Fouquet, dont il partagea la
disgrâce. Éᴅɪᴛ.

(2) *Patru* (Olivier), surnommé le *Quintilien Français*, naquit
à Paris en 1604, et mourut dans la même ville le 16 janvier 1681.
Boileau, Racine, et les plus célèbres de ses contemporains le con-
sultaient souvent, et le regardaient comme l'oracle du goût. Éᴅɪᴛ.

(3) *Chapelle* (Claude-Emmanuel Lᴜɪʟʟɪᴇʀ), surnommé *Chapelle*, parce qu'il était né, en 1616, dans le village de ce nom
entre Paris et Saint-Denis, mourut à Paris en septembre 1686.
Ses productions portent l'empreinte de son caractère, à la fois
souple, fier, plaisant et malin. Éᴅɪᴛ.

ils ne peuvent comprendre les grands hommes ,
et beaucoup moins les aimer. Avons-nous un
auteur célèbre qui soutient chez les étrangers
l'honneur de nos lettres, à peine le connais-
sent-ils, quelques uns ne l'ont jamais vu, et
ils le haïssent avec fureur. Le bruit se répand qu'il compose une tragédie (1) ou une histoire , ils annoncent au public que cet ouvrage
sera ridicule ; ils l'attendent avec impatience
pour en relever les défauts : paraît-il , ils courent
les rues pour le décrier dans le peuple ; ils ra-
massent toutes les critiques qu'on en vend au
bout du Pont-Neuf, à la porte des Tuileries,
au Palais-Royal ; ils conservent précieusement
tous les libelles qu'on a faits depuis trente ans
contre cet auteur; ils les trouvent remplis de sel et
de bonne plaisanterie. Il n'y a point de si vile bro-
chure qu'ils n'achètent et qu'ils n'estiment beaucoup dès qu'elle attaque un homme trop illustre :
c'est par un effet de la même humeur qu'ils
frondent la musique de Rameau ; et qu'ils ap-
plaudissent toute autre. Parlez-leur des *Indes
Galantes*, ils chantent un morceau de *Tancrède*,
ou d'un opéra de Mouret (2); ils n'épargnent pas

(1) L'auteur veut ici parler de Voltaire et de la tragédie de
Sémiramis. Voyez sa *lettre à Voltaire*, t. II, p. 345. Édit.

(2) Dans le tome Ier., pag. 215, on lit *Murer*. Édit.

même les acteurs qui remplissent les premiers
rôles; et Poirier ne paraît jamais, qu'ils ne bat-
tent long-temps des mains pour faire de la peine
à Gelliote : tant il est difficile de leur plaire dès
qu'on prime en quelque art que ce puisse être.

XVIII.

Isocrate, ou le bel esprit moderne.

Le bel esprit moderne (1) n'est ni philosophe,
ni poète, ni historien, ni théologien; il a toutes
ces qualités si différentes et beaucoup d'autres.
Avec un talent très-borné, on veut qu'il ait une
teinture de toutes les sciences; il faut qu'il con-
naisse les arts, la navigation, le commerce : il est
même obligé de dire assez de choses inutiles,
parce qu'il doit parler fort peu de choses nécessaires : le sublime de sa science est de rendre des
pensées frivoles par des traits. Qui veut mieux
penser, ou mieux vivre? Qui sait même où est la
vérité? Un esprit vraiment supérieur fait valoir
toutes les opinions, et ne tient à aucune : il a
vu le fort et le faible de tous les principes, et
il a reconnu que l'esprit humain n'avait que le

(1) L'auteur désigne ici, sous le nom d'Isocrate, Remond de
Saint-Marc, qui fit imprimer, en 1743, trois volumes de littérature. Son frère, mathématicien distingué, a laissé quelques lettres adressées à Mlle. de Launay (Mme. de Staal). ÉDIT.

choix de ses erreurs. Indulgente philosophie,
qui égale Achille et Thersite, et nous laisse la
liberté d'être ignorans, paresseux, frivoles,
oisifs, sans nous faire de pire condition ! Chaque
siècle a son caractère. Le génie du nôtre est peut-
être un esprit trop philosophique, enté sur un
goût plus frivole, et dans un terrain très-léger.
Ce génie nous rend susceptibles de toutes sortes
d'impressions ; mais le pyrrhonisme nous plaît
parce qu'il nous met à notre aise, et il est aujourd'hui une de nos modes. Ce n'était d'abord
que le ton de quelques beaux esprits ; maintenant c'est celui du peuple qui l'a adopté. Les
hommes sont faits de manière que si on leur parle
avec autorité et avec passion, leurs passions et
leur pente à croire les persuadent facilement ;
mais si au contraire on badine, et qu'on leur
propose des doutes, ils écoutent avidement, ne
se défiant pas qu'un homme qui parle de sang-
froid puisse se tromper ; car peu savent que le
raisonnement n'est pas moins trompeur que le
sentiment. Il ne faut donc pas s'étonner que l'erreur et le mauvais goût aient eu des progrès si
rapides. Il faut que la mode ait son cours ; c'est
un vent violent et impétueux qui agite les eaux
et les plantes, et couvre en un moment toute la
terre d'épaisses ténèbres ; mais la lumière qu'il

a obscurcie reparaît bientôt plus brillante : rien n'efface la vérité.

XIX.

Cirus, ou l'esprit extrême.

Cirus cachait sous un extérieur simple un esprit ardent et inquiet ; modéré au dehors, mais extrême, toujours occupé au dedans, et plus agité dans le repos que dans l'action ; trop libre et trop hardi dans ses opinions pour donner des bornes à ses passions : suivant avec indépendance tous ses sentimens, et subordonnant toutes les règles à son instinct, comme un homme qui se croit maître de son sort, et se confie au penchant invincible de son naturel ; supérieur aux talens qui soulèvent les hommes dans une fortune médiocre, et qui ne se rencontrent pas avec des passions si sérieuses ; éloquent, profond, pénétrant ; né avec le discernement des hommes ; séducteur hardi et flatteur ; fertile et puissant en raisons ; impénétrable dans ses artifices ; plus dangereux lorsqu'il disait la vérité, que les plus trompeurs ne le sont par les déguisemens et le mensonge : un de ces hommes que les autres hommes ne comprennent point ; que la médiocrité de leur fortune déguise et avilit, et que la prospérité seule peut développer.

XX.

Lipse.

Lipse (1) n'avait aucun principe de conduite ; il vivait au hasard et sans dessein ; il n'avait aucune vertu. Le vice même n'était dans son cœur qu'une privation de sentiment et de réflexion. Pour tout dire, il n'avait point d'ame : vain sans être sensible au déshonneur ; capable d'exécuter sans intérêt et sans malice de grands crimes ; ne délibérant jamais sur rien ; méchant par faiblesse ; plus vicieux par déréglement d'esprit que par amour du vice. En possession d'un bien immense à la fleur de son âge, il passait sa vie dans la crapule avec des joueurs d'instrumens et des comédiennes. Il n'avait dans sa familiarité que des gens de basse extraction, que leur libertinage et leur misère avaient d'abord rendus ses complaisans, mais dont la faiblesse de Lipse lui faisait bientôt des égaux, parce que la supériorité qui n'est fondée que sur la fortune ne peut se maintenir qu'en se cachant. On trouvait dans son antichambre, sur son escalier, dans sa cour, toutes sortes de personnages qui assiégeaient sa

(1) Cette variante, qui diffère peu du Caractère imprimé dans les OEuvres, était restée inédite. ÉDIT.

porte. Né dans une extrême distance du bas peuple, il en rassemblait tous les vices , et justifiait
la fortune, que les misérables accusent des défauts de la nature.

RÉFLEXIONS

ET

MAXIMES.

AVIS DU LIBRAIRE-ÉDITEUR.

LE numéro placé au commencement de quelques maximes se rapporte au numéro correspondant dans les OEuvres, et indique les variantes. L'astérisque * sert à distinguer les maximes inédites jusqu'à ce jour.

AVERTISSEMENT.

COMME il y a des gens qui ne lisent que pour trouver des erreurs, j'avertis ceux qui liront ces *Réflexions*, que s'il y en a quelqu'une qui présente un sens peu conforme à la piété, l'auteur désavoue ce mauvais sens, et souscrit le premier à la critique qu'on en pourra faire. Il espère cependant que les personnes désintéressées n'auront aucune peine à bien interpréter ses sentimens. Ainsi, lorsqu'il dit : *La pensée de la mort nous trompe, parce qu'elle nous fait oublier de vivre,* il se flatte qu'on verra bien que c'est de la pensée de la mort sans la vue de la religion, qu'il veut parler. Et encore ailleurs lorsqu'il dit : *La conscience des mourans calomnie leur vie,* il est fort éloigné de prétendre qu'elle ne les accuse pas souvent avec justice. Mais il n'y a personne qui ne sache que toutes les propositions générales ont leurs exceptions. Si on n'a pas pris soin de les marquer, c'est parce que le genre d'écrire que l'on a choisi, ne le permet pas. Il suffira de confronter l'auteur avec lui-même pour connaître la pureté de ses principes.

J'avertis encore les lecteurs qu'on n'a jamais eu pour objet, dans cet ouvrage, de dire des choses nouvelles, quoiqu'il puisse s'y en rencontrer un

assez grand nombre. *Tout est dit,* assure l'auteur des
CARACTÈRES, *et l'on vient trop tard depuis sept mille
ans qu'il y a des hommes, et qui pensent. Sur ce
qui concerne les mœurs, le plus beau et le meilleur nous est enlevé* (1)..... *Les personnes d'esprit,* ajoute-t-il, *ont en eux les semences de toutes
les vérités et de tous les sentimens; rien ne leur
est nouveau,* etc. Que cette réflexion de La Bruyère
soit fausse ou solide, je ne doute pas que les meilleurs esprits ne soient bien aises qu'on leur remette
quelquefois devant les yeux leurs propres sentimens
et leurs idées. Puisque nous nous lassons si peu de
voir représenter, sur nos théâtres, les mêmes passions, revêtues de quelques couleurs et de quelques
circonstances différentes, pourquoi les amateurs de
la vérité seraient-ils fâchés qu'on les entretienne des
objets de leurs connaissances et de leurs études ?. Si
on s'est servi des pensées ou des expressions de
quelqu'un, il est facile de les rapporter à leur auteur. Celui qui a écrit ces *Réflexions,* aime assez la
gloire pour ne pas chercher à s'approprier celle d'un
autre. Il ne s'est jamais proposé, dans cet ouvrage,
que de développer, selon ses forces, les réflexions
dont il est le plus touché.

(1) LA BRUYÈRE, Chap. Ier. *des Ouvrages de l'Esprit.* ÉDIT.

RÉFLEXIONS

ET

MAXIMES.

1.

CE qui fait que tant de gens d'esprit, en apparence, parlent, jugent, entendent, agissent si peu à propos et si mal, est qu'ils n'ont qu'un esprit d'emprunt. On ne mâche point avec des dents postiches, quoiqu'elles paraissent au dehors comme les autres.

2.

La naïveté se fait mieux entendre que la précision ; c'est la langue du sentiment, préférable en quelque manière à celle de l'imagination et de la raison, parce qu'elle est belle et vulgaire.

3.

On ne s'élève point aux grandes vérités sans enthousiasme ; le sang-froid discute et n'invente

point. Il faut peut-être autant de feu que de justesse, pour faire un véritable philosophe.

4.

La Bruyère était un grand peintre, et n'était
pas peut-être un grand philosophe. Le duc de
La Rochefoucauld était philosophe, et n'était pas
peintre.

5.

Il y a des hommes qui jugent très-bien, mais
avec du temps. On leur propose quelquefois des
choses simples, et ils ne les saisissent point. On
en est étonné, ils le sont eux-mêmes, car ils se
croient de la pénétration, et ils n'ont que du jugement.

6.

280. Les grands hommes parlent si clairement
que les sophistes ne s'aperçoivent pas qu'ils pensent profondément ; ils ne reconnaissent pas la
philosophie quand l'éloquence la rend populaire,
ou qu'elle ose peindre le vrai avec des traits
fiers et hardis. Ils traitent de superficielle et
de frivole cette splendeur d'expression qui emporte avec elle la preuve des grandes pensées.
La vérité toute nue, quelque éclat qu'elle ait, ne
les frappe pas. Ils veulent des définitions, des

divisions, des détails et des argumens (1). Si
Locke eût rendu vivement en peu de pages les
sages vérités de ses écrits, ils n'auraient osé le
compter parmi les philosophes de son siècle.

7.

Rien n'affaiblit plus un discours que de proposer trop d'exemples et d'entrer dans trop de
détails. Les digressions trop longues, ou trop fré-
quentes, rompent l'unité et fatiguent, parce que
l'esprit ne peut suivre une trop longue chaîne
de faits et de preuves. On ne saurait trop rapprocher les choses, ni trop tôt conclure. Il faut
saisir tout d'un coup la véritable preuve de son
discours, et courir à la conclusion. Un esprit
perçant fuit les épisodes, et laisse aux écrivains
médiocres le soin de s'arrêter à cueillir toutes
les fleurs qui se trouvent sur leur chemin. C'est
à eux d'amuser le peuple qui lit sans objet, sans
pénétration et sans goût.

8.

Si quelqu'un trouve un livre obscur, l'auteur
ne doit pas le défendre. Osez justifier vos expressions, on attaquera votre sens. Oui, dira-t-on,

(1) Voltaire a écrit à la marge du manuscrit, *Mais c'est cela
qui est nu.*

je vous entends bien; mais je ne voulais pas croire
que ce fût là votre pensée.

9.

327. Qui sont ceux qui prétendent que le
monde est devenu *vieux* ? Je les crois sans peine.
L'ambition, la gloire, l'amour, en un mot toutes
les passions des premiers âges ne font plus les
mêmes désordres et le même bruit. Ce n'est pas
peut-être que ces passions soient aujourd'hui
moins vives qu'autrefois, mais parce qu'on les
désavoue et qu'on les combat. Je dis donc que le
monde est comme un vieillard, qui conserve tous
les desirs de la jeunesse, mais qui en est honteux, et s'en cache, soit parce qu'il est détrompé
du mérite de beaucoup de choses, soit parce qu'il
veut le paraître (1).

10.

Il y a peu d'esprits qui connaissent le prix de
la naïveté, qui ne fardent point la nature. Les

(1) Dans le supplément publié par M. Belin, au lieu de cette
maxime on en lit une qui, dans les OEuvres, se retrouve en entier
sous le n°. 282. Nous la remplaçons par une réflexion qui fait aussi
double emploi; mais cette redite nous a paru indispensable parce
que d'après tous les éditeurs qui nous ont précédé nous avons imprimé une faute grossière en mettant *vicieux* pour *vieux*. Le texte
du manuscrit dit *vieux* et non *vicieux*, comme on le trouve dans
les OEuvres à la maxime 327. ÉDIT.

enfans coiffent leur chat, et mettent des gants à un petit chien. Les hommes aiment tellement la draperie, qu'ils tapissent jusqu'aux chevaux.

11.

Tous les ridicules des hommes ne caractérisent peut-être qu'un seul vice, qui est la vanité. Et comme les passions des esprits frivoles sont subordonnées à cette faiblesse, c'est probablement la raison pourquoi il y a si peu de vérité dans leurs manières, dans leurs mœurs et dans leurs plaisirs. La vanité est ce qu'il y a de plus naturel dans les hommes, et ce qui les fait sortir le plus souvent de la nature.

12.

Pourquoi appelle-t-on académique un discours fleuri, élégant, ingénieux, harmonieux, et non un discours vrai et fort, lumineux et simple ? Où cultivera-t-on la vraie éloquence, si on l'énerve dans l'Académie ?

13.

Les grands hommes dogmatisent. Le peuple croit. Ceux qui ne sont ni assez faibles pour subir le joug, ni assez forts pour l'imposer, se rangent volontiers au pyrrhonisme. Quelques

ignorans adoptent leurs doutes, parce qu'ils
tournent la science en vanité; mais on voit peu
d'esprits altiers et décisifs qui s'accommodent
de l'incertitude, principalement s'ils sont capables d'imaginer; car ils se rendent amoureux de
leurs systèmes, séduits les premiers par leurs
propres inventions.

14.

279. Descartes s'est trompé dans ses principes
et ne s'est pas trompé dans ses conséquences, sinon
rarement. On aurait donc tort, ce me semble,
de conclure de ses erreurs que l'imagination et
l'invention ne s'accordent point avec la justesse.
La grande faiblesse de ceux qui n'imaginent point,
est de se croire seuls judicieux et raisonnables.
Ils ne font pas attention que les erreurs de Descartes ont été celles de trois ou quatre mille philosophes qui l'ont suivi, tous gens sans imagination. Les esprits subalternes n'ont point d'erreurs
en leur privé nom, parce qu'ils sont incapables
d'inventer, même en se trompant; mais ils sont
toujours entraînés, sans le savoir, par l'erreur
d'autrui; et lorsqu'ils se trompent d'eux-mêmes,
ce qui peut arriver souvent, c'est dans les détails et les conséquences. Mais leurs erreurs ne

sont ni assez vraisemblables pour être contagieuses, ni assez importantes pour faire du bruit.

15.

J'aime Despréaux d'avoir dit que Pascal était également au-dessus des anciens et des modernes. J'ai pensé quelquefois, sans l'oser dire, qu'il n'avait pas moins de génie pour l'éloquence que Démosthènes. S'il m'appartenait de juger de si grands hommes, je dirais encore que Bossuet est plus majestueux et plus sublime qu'aucun des Romains et des Grecs.

16.

Il me semble qu'on peut compter sous le règne de Louis XIV quatre écrivains de prose de génie : Pascal, Bossuet, Fénélon, La Bruyère. C'est se borner sans doute à un bien petit nombre; mais ce nombre, tout borné qu'il est, ne se retrouve pas dans plusieurs siècles. Les grands hommes dans tous les genres sont toujours très-rares. M. de Voltaire, dont les décisions sur toutes les choses de goût sont admirables, n'accorde qu'au seul Bossuet le mérite d'être éloquent. Si ce jugement est exact, on pourrait présumer que le génie de l'éloquence est encore moins commun que celui de la poésie.

17.

Les répétitions de Fénélon ne me choquent
point. Son style est noble et touchant; mais il
est familier et populaire. Ses répétitions sont un
art de faire reparaître la même vérité sous de
nouveaux tours et sous de nouvelles images,
pour l'imprimer plus profondément dans l'esprit des hommes. Rien ne me déplaît dans le
roman de Télémaque que les lieux communs
de la poésie dont il est rempli, et quelques imi-
tations un peu trop faibles des grands ouvrages
de l'antiquité. L'art d'imiter, lorsqu'il n'est point
parfait, dégénère toujours en déclamation. Il
est, je crois, très-rare qu'on soit emphatique
par trop de chaleur; mais c'est un défaut où l'on
tombe presque inévitablement, quand on n'est
animé que d'une chaleur empruntée.

18.

C'est une chose remarquable que presque
tous les poètes se servent des expressions de Racine, et que Racine n'ait jamais répété ses propres
expressions.

19.

Le plus grand et le plus ordinaire défaut des
poètes est de ne pouvoir conserver le génie de

leur langue et la naïveté du sentiment. Ils ne pensent pas que c'est manquer entièrement de génie pour la poésie et pour l'éloquence, que de ne pas posséder celui de sa langue. Le génie de toutes les sciences et de tous les arts consiste principalement à saisir le vrai ; et, quand on le saisit et qu'on l'exprime dans de grandes choses, on a incontestablement un grand génie. Mais des mots assemblés sans choix, des pensées rimées, beaucoup d'images qui ne peignent rien, parce qu'elles sont déplacées, des sentimens faux et forcés, tout cela ne mérite pas le nom de poésie. C'est un jargon barbare et insupportable. Je voudrais que ceux qui se mêlent de faire des vers voulussent bien considérer que l'objet de la poésie n'étant point la difficulté vaincue, le public n'est pas obligé de tenir compte aux gens sans talent de la très-grande peine qu'ils ont à écrire.

20.

Combien toutes les règles sont-elles inutiles, si on voit encore aujourd'hui des gens de lettres qui, sous prétexte d'aimer les choses, non les mots, ne témoignent aucune estime pour la véritable beauté de l'expression. Je n'admire pas l'élégance, lorsqu'elle ne présente que des pen-

sées faibles, et qu'elle n'est pas animée par l'é-
loquence du cœur et des images : mais les plus
mâles pensées ne peuvent être caractérisées que
par des paroles ; et nous n'avons encore aucun
exemple d'un ouvrage qui ait passé à la postérité sans éloquence. Méprisera-t-on l'expression
parce qu'on n'écrit pas comme Bossuet et comme
Racine ? Quand on n'a pas de talent, il faudrait
au moins avoir du goût.

21.

281. C'est un malheur que les hommes ne
puissent posséder aucun talent sans donner l'exclusion à tous les autres. S'ils ont la finesse, ils
décrient la force; s'ils sont géomètres ou physiciens, ils écrivent contre la poésie et l'éloquence.
Un autre inconvénient, non moins fâcheux, est
que le peuple suit les décisions de ceux qui ont
primé dans quelque genre. Quand l'esprit de finesse est à la mode, ce sont les esprits fins qui jugent les autres ; quand les géomètres dominent, ce
sont eux qui donnent *le ton*. Il est vrai qu'il y a un
petit nombre de gens indociles, qui, pour affecter
plus d'indépendance dans leurs sentimens, et de
peur de juger d'après quelqu'un, contredisent les
opinions et les autorités les plus reçues. Il suffit
même qu'un homme ait joui d'une grande répu-

tation pour qu'ils la lui disputent avec mépris;
il n'y a point de nom qu'ils respectent, et ce que
l'envie la plus basse n'aurait osé dire, leur ex-
travagante vanité le leur fait hasarder avec confiance. Il n'est pas besoin d'affirmer que cette
espèce de gens juge encore plus mal que le
peuple. Ils ressemblent à ceux qui, sentant leur
faiblesse et craignant de paraître gouvernés,
rejettent opiniâtrément les meilleurs conseils et
suivent follement des fantaisies pour faire un
essai de leur liberté... Lorsqu'on voit le mauvais
goût établi de tant de manières et à tant de titres
dans l'esprit des hommes, on ne peut se promettre
mettre de le corriger, et on est réduit à se
taire.

22.

Montagne a repris Cicéron de ce qu'après
avoir exécuté de grandes choses pour la république, il voulait encore tirer gloire de son
éloquence; mais Montagne ne pensait pas que
ces grandes choses qu'il loue, Cicéron ne les
avait faites que par la parole.

23.

Ceux qui rapportent sans partialité les raisons des sectes opposées paraissent supérieurs à
tous les partis, tant qu'ils ne s'attachent à au-

cun. Mais demandez-leur qu'ils choisissent, ou qu'ils établissent d'eux-mêmes quelque chose, vous verrez qu'ils n'y sont pas moins embarrassés que tous les autres. Le monde fourmille de philosophes qui se disputent la vaine gloire de connaître la faiblesse de l'esprit humain. Mais il y en a peu qui distinguent les bornes précises de cette faiblesse, et qui sachent en tirer des conséquences. Ils fardent à l'envi la vérité qui n'est pas leur but, et nul ne donne des préceptes utiles.

24.

Est-il vrai que rien ne suffise à l'opinion, et que peu de chose suffise à la nature? Mais l'amour des plaisirs, mais la soif de la gloire, mais l'avidité des richesses, en un mot, toutes les passions ne sont-elles pas insatiables? Qui donne l'essor à nos projets? Qui borne ou qui étend nos opinions, sinon la nature? N'est-ce pas encore la nature qui nous pousse même à sortir de la nature, comme le raisonnement nous écarte quelquefois de la raison, ou comme l'impétuosité d'une rivière rompt ses digues et la fait sortir de son lit.

25.

Il ne faut pas, dit-on, qu'une femme se pique

d'esprit, ni un roi d'être éloquent, ni un soldat de délicatesse, etc. Les vues courtes multiplient les maximes et les lois, parce qu'on est d'autant plus enclin à prescrire des bornes à toutes choses, qu'on a l'esprit moins étendu.

26.

On instruit les enfans à craindre et à obéir : l'avarice, ou l'orgueil, ou la timidité des pères, leur enseignent l'économie et la soumission. On les excite encore à être copistes, à quoi ils ne sont déjà que trop enclins : nul ne songe à les rendre originaux, entreprenans, indépendans.

27.

Si on pouvait donner aux enfans des maîtres de jugement et d'éloquence, comme on leur donne des maîtres de langue ; si on exerçait moins leur mémoire que leur activité et leur génie ; qu'au lieu d'émousser, comme on fait, la vivacité de leur esprit, on tâchât d'élever l'essor et les mouvemens de leur ame, que n'aurait-on pas lieu d'attendre d'un beau naturel ? Mais on ne pense pas que la hardiesse, ni l'amour de la vérité et de la gloire soient les vertus qui importent à leur jeunesse. On ne s'attache au contraire qu'à les subjuguer, afin de leur apprendre que la dépendance et la souplesse sont les premières lois de leur fortune.

28.

217. C'est une maxime frivole que celle qu'on adopte depuis si long-temps : *qu'il faut qu'un honnête homme sache un peu de tout.* On peut savoir superficiellement beaucoup de choses, et avoir l'esprit fort petit; et on voit, au contraire, de très-grandes ames qui savent très-peu. Il faut ignorer de bon cœur ce que la nature n'a pas mis dans l'étendue de notre génie. On ne sait utilement que ce qu'on possède parfaitement; le reste ne nous sert qu'à satisfaire une vanité puérile. J'en rapporterais des exemples, si les exemples pouvaient nous instruire; mais je le ferais sans succès. L'ostentation est un écueil inévitable pour les ames faibles. On ne corrigera jamais les hommes d'apprendre des choses inutiles.

29.

Les enfans n'ont point d'autre droit à la succession de leur père que celui qu'ils tiennent des lois : c'est au même titre que la noblesse se perpétue dans les familles. La distinction des ordres du royaume est une des lois fondamentales de l'État (1).

(1) Vauvenargues a placé avec raison cette pensée au nombre

30.

Les hommes médiocres empruntent au dehors le peu de connaissances et de lumières qu'ils ont de leur propre fonds. Mais les ames supérieures trouvent en elles-mêmes un grand nombre de choses extérieures.

31.

C'est donner aux princes un conseil timide que de leur inspirer d'éloigner des emplois les hommes ambitieux qui en sont capables. Un grand roi ne craint point ses sujets, et n'en doit rien craindre.

32.

Les vertus règnent plus glorieusement que la prudence. La magnanimité est l'esprit des rois.

33.

Catilina n'ignorait pas les périls d'une conjuration ; son courage lui persuada qu'il les surmonterait. L'opinion ne gouverne que les faibles ; mais l'espérance trompe les plus grandes ames.

des paradoxes ; car il n'est rien de plus juste que les droits d'hérédité de parent à parent ; mais pourrait-on en dire autant des titres de noblesse ? ÉDIT.

34.

Un prince qui n'est que bon, aime ses domestiques, ses ministres, sa famille et son favori, et n'est point attaché à son État. Il faut être un grand roi pour aimer un peuple.

35.

Nos paysans aiment leurs hameaux. Les Romains étaient passionnés pour leur patrie, pendant que ce n'était qu'une bourgade; lorsqu'elle devint plus puissante, l'amour de la patrie ne fut plus si vif. Une ville maîtresse de l'univers était trop grande pour l'imagination de ses habitans. Les hommes ne sont pas nés pour aimer de si grandes choses.

36.

Ce qui fait que tant de gens de toutes les professions se plaignent amèrement de leur fortune, est qu'ils ont quelquefois le mérite d'un autre métier que celui qu'ils font. Je ne sais combien d'officiers, qui ne sauraient mettre en bataille cinquante hommes, auraient excellé au barreau, ou dans les négociations, ou dans les finances. Ils sentent qu'ils ont un talent, et ils s'étonnent qu'on ne leur en tienne aucun compte; car ils

ne font pas attention que c'est un mérite inutile
dans leur profession. Il arrive aussi que ceux qui
gouvernent, négligent d'assez beaux génies, parce
qu'ils ne seraient pas propres à remplir les petites places, et qu'on ne veut pas leur donner les
grandes. Les talens médiocres font plutôt fortune, parce qu'on trouve partout à les employer.

37.

Plaisante fortune pour Bossuet d'être chapelain de Versailles ! Fénélon était à sa place :
il était né pour être le précepteur des rois ; mais
Bossuet devait être un grand ministre sous un
roi ambitieux.

38.

Qui a fait les partages de la terre, si ce n'est
la force ? Toute l'occupation de la justice est à
maintenir les lois de la violence.

39.

Les folies de Caligula ne m'étonnent point.
J'ai connu, je crois, beaucoup d'hommes qui auraient fait leurs chevaux consuls, s'ils avaient été
empereurs romains. Je pardonne par d'autres
motifs à Alexandre de s'être fait rendre des honneurs divins, à l'exemple d'Hercule et de Bac-

chus, qui avaient été hommes comme lui, et
moins grands hommes. Les anciens n'attachaient
pas la même idée que nous au nom de dieu,
puisqu'ils en admettaient plusieurs, tous fort
imparfaits. Il faut juger des actions des hommes
selon les temps. Tant de temples élevés par les
empereurs romains à la mémoire de leurs amis
morts, étaient les honneurs funéraires de leur
siècle; et ces hardis monumens de la fierté des
maîtres de la terre, n'offensaient ni la religion,
ni les mœurs d'un peuple idolâtre.

40.

On dit qu'il ne faut pas juger des ouvrages de
goût par réflexion, mais par sentiment. Pourquoi
ne pas étendre cette règle sur toutes les choses
qui ne sont pas du ressort de l'esprit, comme l'ambition, l'amour, et toutes les autres passions?

Je pratique ce que je dis. Je porte rarement
au tribunal de la raison la cause du sentiment;
je sais que le sang-froid et la passion ne pèsent
pas les choses à la même balance, et que l'un
et l'autre s'accusent avec trop de partialité.
Ainsi quand il m'arrive de me repentir de quelque chose que j'ai fait par sentiment, je tâche
de me consoler en pensant que j'en juge mal par
réflexion, et en me persuadant que je ferais la

même chose malgré le raisonnement, si la même passion me reprenait.

41.

J'ai connu un vieillard, devenu sourd, qui n'estimait plus la musique, parce qu'il en jugeait alors, disait-il, sans passion. Voilà, en effet, ce que les hommes appellent juger de sang-froid.

42.

On ne peut condamner l'activité sans accuser l'ordre de la nature. Il est faux que ce soit notre inquiétude qui nous dérobe au présent; le présent nous échappe de lui-même, et s'anéantit malgré nous. Toutes nos pensées sont mortelles; et si notre ame n'était secourue par cette activité infatigable qui répare les écoulemens perpétuels de notre esprit, nous ne durerions qu'un instant : telles sont les lois de notre être. Une force secrète et inévitable emporte avec rapidité nos sentimens; il n'est pas en notre puissance de lui résister et de nous reposer sur nos pensées; il faut marcher malgré nous, et suivre le mouvement universel de la nature. Nous ne pouvons retenir le présent que par une action qui sort du présent. Il est tellement impossible à l'homme de subsister sans action, que s'il veut s'empêcher d'agir, ce ne peut être que par un acte encore plus laborieux que celui auquel il s'oppose, mais cette activité qui détruit le présent, le répare, le reproduit et charme les maux de la vie.

43.

Mes passions et mes pensées meurent, mais pour renaître. Je meurs moi-même sur un lit toutes les nuits, mais pour reprendre de nouvelles forces et une nouvelle fraîcheur. Cette expérience que j'ai de la mort, me rassure contre la décadence et la dissolution du corps. Quand je vois que mon ame rappelle à la vie ses pensées éteintes, je comprends que celui qui a fait mon ame peut, à plus forte raison, lui rendre l'être. Je dis, dans mon cœur étonné : Qu'as-tu fait des objets volages qui occupaient tantôt ta pensée? Retournez sur vos propres traces, objets fugitifs. Je parle, et mon ame s'éveille : ces images mortes m'entendent, et les figures des choses passées m'obéissent et m'apparaissent. O ame éternelle du monde! ainsi votre voix secourable revendiquera ses ouvrages; et la terre, saisie de crainte, restituera ses larcins !

44.

300. Ce qui fait que la plupart des livres de

morale sont si insipides, que leurs auteurs ne
sont pas sincères, c'est qu'ils supposent toujours
les hommes autres qu'ils ne sont, qu'ils les accablent de préceptes sévères et impraticables;
c'est qu'ils ne proposent point à la vertu de vrais
et d'aimables motifs. La morale serait peut-être
la plus agréable et la plus utile des sciences, si
elle n'était pas la plus fardée.

45.

La morale, purement humaine, a été traitée
plus utilement et plus habilement par les anciens, qu'elle ne l'est maintenant par nos philosophes.

46.

Les ames égales sont souvent médiocres; il
faut savoir estimer ceux qui s'élèvent, par saillies, à toutes les vertus, quoiqu'ils ne s'y puissent
tenir. Leur ame s'élance vers la générosité, vers
le courage, vers la compassion, et retombe dans
les vices contraires.

De telles vertus ne sont point fausses, elles
vont quelquefois beaucoup plus loin que la sagesse, qui, plus asservie à ses lois, n'a ni la
vigueur, ni l'ardeur, ni la hardiesse de l'indépendance.

47.

Il faut exciter dans les hommes le sentiment
de leur prudence et de leur force, si on veut
élever leur génie. Il est peu de leçons utiles dans
les meilleurs livres, depuis que la faiblesse de
l'esprit humain est devenue le champ de tous
les lieux communs des philosophes.

48.

Le plaisir le plus délicat des ames vaines,
est de découvrir le défaut des ames fortes. On
ne devrait pas imposer par ce petit genre d'esprit. Je n'admire point un auteur qui réclame
en vers insultans contre les vertus d'Alexandre,
ou contre la gloire d'Homère. En ouvrant mes
yeux sur le faible des plus grands génies, il
m'apprend à l'apprécier lui-même ce qu'il peut
valoir. Il est le premier que je raie du tableau
des hommes illustres.

49.

S'il sied bien à une ame juste d'avoir de l'indulgence pour les hommes qui honorent l'humanité, c'est surtout pour ceux dont la gloire a souffert de légères taches. S'il faut excuser leurs erreurs, c'est principalement pendant qu'ils vivent.
Mais l'envie ne peut se contraindre, elle accuse

et juge sans preuves ; elle grossit les défauts ;
elle a des qualifications énormes pour les moindres fautes ; son langage est rempli de fiel ,
d'exagération et d'injure. Elle s'acharne avec
opiniâtreté et avec fureur contre le mérite éclatant ; elle est aveugle, emportée, insensible ,
brutale.

5o.

178. La haine est plus vive que l'amitié ,
moins que l'amour.

5r.

C'est une marque de férocité et de bassesse
d'insulter à un homme dans l'ignominie, principalement s'il est misérable; il n'y a point d'in-
famie dont la misère ne fasse un objet de pitié.
L'opprobre est une loi de la pauvreté.

52.

J'ai la sévérité en horreur, et ne la crois pas
trop utile. Les Romains étaient-ils sévères ?
N'exila-t-on pas Cicéron pour avoir fait mourir
Lentulus, manifestement convaincu de trahison?
Le sénat ne fit-il pas grâce à tous les autres com-
plices de Catilina ? Ainsi se gouvernait le plus
puissant et le plus redoutable peuple de la terre.
Et nous, petit peuple barbare, nous croyons
qu'il n'y a pas assez de gibets et de supplices.

53.

Quelle affreuse vertu que celle qui veut haïr
et être haïe, qui rend la sagesse non pas secourable aux infirmes, mais redoutable aux faibles
et aux malheureux, une vertu qui, présumant
follement de soi-même, ignore que tous les devoirs des hommes sont fondés sur leur faiblesse
réciproque?

54.

Les enfans cassent des vitres, et brisent des
chaises, lorsqu'ils sont hors de la présence de
leurs maîtres. Les soldats mettent le feu à un
camp qu'ils quittent, malgré les défenses du général; ils aiment à fouler aux pieds l'espérance de
la moisson et à démolir de superbes édifices. Qui
les pousse à laisser partout ces longues traces de
leur barbarie? N'est-ce pas que les ames faibles
attachent à la destruction une idée d'audace et
de puissance?

55.

Les soldats s'irritent encore contre le peuple
chez qui ils font la guerre, parce qu'ils ne peuvent le voler assez librement, et que la maraude
est punie. Tout ceux qui font du mal aux autres
hommes les haïssent.

56.

Quelqu'un a-t-il dit que pour peindre avec

hardiesse, il fallait surtout être vrai dans un
sujet noble, et ne point charger la nature, mais
la montrer nue? Si on l'a dit, on peut le redire;
car il ne paraît pas que les hommes s'en souvien-
nent, et ils ont le goût si gâté, qu'ils nomment
hardi, je ne dis pas ce qui est vraisemblable et
qui approche le plus de la vérité, mais ce qui
s'en écarte davantage.

57.

La nature a ébauché beaucoup de talens qu'elle
n'a pas daigné finir. Ces faibles semences de génie
amusent une jeunesse ardente, qui leur sacrifie
les plaisirs et les plus beaux jours de la vie. Je
regarde ces jeunes gens comme les femmes qui
attendent leur fortune de leur beauté : le mépris
et la pauvreté sont la peine sévère de ces espérances. Les hommes ne pardonnent point aux
misérables l'erreur de la gloire.

58.

Un écrivain qui n'a pas le talent de peindre
doit éviter sur toutes choses les détails.

59.

Quelle est la manie de quelques hommes qui,
sans aucune animosité ni raison particulière,
se font un devoir d'attaquer les grandes réputa-

tions et de mépriser l'autorité des jugemens du
public, seulement pour affecter plus d'indépendance dans leurs sentimens, et de peur de juger
d'après les autres. Je les compare à ces personnes
faibles qui, dans la crainte de paraître gouver-
nées, rejettent opiniâtrément les meilleurs conseils, et suivent follement leurs fantaisies pour
faire un essai de leur liberté.

60.

Il faut souffrir les critiques éclairées et impar-
tiales qu'on fait des hommes ou des ouvrages les
plus estimables. Je hais cette chaleur de quelques
hommes qui ne peuvent souffrir que l'on sépare
les défauts de ceux qu'ils admirent de leurs per-
fections et qui veulent tout consacrer; mais
combien plus insupportable est la manie de ceux
qui se font un devoir d'attaquer les grandes ré-
putations et de mépriser l'autorité des jugemens
du public, dans la seule pensée peut-être d'affecter plus d'indépendance.

61.

Oserait-on penser de quelques hommes, dont
il faut respecter les noms, qu'ils nous ont char-
més par des grâces qui seront un jour négligées,
ou par un mérite de mode qu'on a pas toujours

estimé? Se parer de beaucoup de connaissances inutiles ou superficielles; affecter une extrême singularité ; mettre de l'esprit partout et hors de sa place; penser peu naturellement et s'exprimer de même, s'appelait autrefois être un pédant.

62.

Les vrais politiques connaissent mieux les hommes que ceux qui font métier de la philosophie ; je veux dire qu'ils sont plus vrais philosophes.

63.

La plupart des hommes naissent sérieux. Il y a des plaisans de génie, mais en petit nombre. Les autres le deviennent par imitation, et forcent la nature pour suivre la mode (1).

64.

Qu'on examine tous les ridicules, on n'en trouvera presque point qui ne viennent d'une sotte vanité, ou de quelque passion qui nous aveugle et qui nous fait sortir de notre place. Un homme

---

(1) On trouve dans le manuscrit une variante de cette maxime ; la voici :

« La plupart des hommes naissent sérieux. Il y a des plaisans de génie, mais en petit nombre. Les autres le deviennent par imitation, froids copistes de la vivacité et de la gaieté. » Édit.

ridicule ne me paraît être qu'un homme hors de
son véritable caractère et de sa force.

65.

Il n'y a point de si petits caractères qu'on ne
puisse rendre agréables par le coloris. Le *Fleu-
riste* de La Bruyère en est la preuve.

66.

Les hommes aiment les petites peintures,
parce qu'elles les vengent des petits défauts dont
la société est infectée ; ils aiment encore plus le
ridicule qu'on jette avec art sur les qualités
éminentes qui les blessent. Mais les honnêtes
gens méprisent le peintre qui flatte si bassement
la jalousie du peuple, ou la sienne propre, et
qui fait métier d'avilir tout ce qu'il faudrait respecter.

67.

La plupart des gens de lettres estiment beaucoup les arts, et nullement la vertu ; ils aiment
mieux le portrait d'Alexandre que sa générosité.
L'image des choses les touche ; l'original, point
du tout. Ils ne veulent pas qu'on les traite comme
des ouvriers ; et ils sont ouvriers jusqu'aux on-
gles, et jusqu'à la moelle des os.

68.

Les grandes et les premières règles sont trop fortes pour les écrivains médiocres, car elles les réduiraient à ne point écrire.

69.

Peut-on estimer un auteur qui, affectant de mépriser les plus grandes choses, ne méprise pas de dire des pointes? qui, pour conserver un trait d'esprit, abandonne une vérité, et n'a aucune honte de se contredire; qui ne connaît que la faiblesse de l'esprit humain, et n'en peut comprendre la force; qui combat ridiculement l'éloquence par l'élégance, le génie par l'art, et la sagesse par la raillerie. Parce qu'il nous dit qu'il n'estime aucune des choses du monde, lui devons-nous plus de respect?

70.

Je trouve plaisant que quelqu'un aspire à se faire admirer, en nous insinuant que nous sommes des dupes d'estimer Alexandre ou Marc-Aurèle. En ouvrant mes yeux sur le faible des plus grands génies, il m'apprend à l'apprécier lui-même ce qu'il peut valoir. Il est le premier que je raie du tableau des hommes illustres.

71.

Vous croyez que tout est problématique; vous ne voyez rien de certain, et vous n'estimez ni les arts, ni la probité, ni la gloire. Vous croyez cependant devoir écrire; vous pensez assez mal des hommes pour être persuadé qu'ils voudront lire des choses inutiles, et que vous-même n'estimez point vraies. Votre objet n'est-il pas aussi de les convaincre que vous avez de l'esprit! Il y a donc quelque vérité : vous avez choisi la plus grande et la plus importante pour les hommes; vous leur avez appris que vous aviez plus de délicatesse et plus de subtilité qu'eux. C'est la principale instruction qu'ils peuvent retirer de vos ouvrages. Se lasseront-ils de les lire?

72.

Ce que bien des gens aujourd'hui appellent *écrire pesamment*, c'est dire uniment là vérité, sans plaisanterie et sans fard.

73.

Un homme écrivait à quelqu'un sur un intérêt à capital. Il lui parlait avec un peu de chaleur, parce qu'il avait envie de le persuader. Il montra sa lettre à un homme de beaucoup d'es-

prit, mais très-prévenu de la mode. Et pourquoi, lui dit cet ami, n'avez vous pas donné à
vos raisons un tour plaisant? Je vous conseille de
refaire votre lettre.

74.

On raconte de je ne sais quel peuple, qu'il
alla consulter un oracle pour s'empêcher de
rire dans ses délibérations et dans le conseil public. Nous ne sommes pas encore si fous que ce
peuple.

75.

Il y a beaucoup de choses que nous savons mal
et qu'il est très-bon qu'on redise.

76.

1. Il est plus aisé de dire des choses nouvelles
que de concilier parfaitement et de réunir sous
un seul point de vue toutes celles qui ont été
dites.

77.

371. Il n'y a rien de si froid au monde que ce
qu'on a pensé pour les autres.

78.

374. La netteté des pensées leur tient lieu de
preuves.

79.

375. La marque d'une expression parfaite est que, même dans les équivoques, on ne puisse lui donner qu'un sens.

80.

Le même mérite qui fait copier quelques ouvrages, les fait vieillir.

81.

Les auteurs qui se distinguent principalement par le tour et la délicatesse, sont plus tôt usés que les autres.

82.

Les bonnes maximes sont sujettes à devenir triviales.

83.

376. Il semble que la raison qui se communique aisément et se perfectionne quelquefois, perd d'autant plus vite son lustre et le mérite de la nouveauté. Cependant ceux qui conçoivent les choses dans toute leur force et qui poussent la sagacité jusqu'au terme de l'esprit humain, impriment ce haut caractère dans leurs expressions; et le reste des hommes ne pouvant atteindre la perfection de leurs idées et de leurs discours,

leurs écrits paraissent toujours originaux, pareils à ces chefs-d'œuvre de sculpture qui sont depuis tant de siècles sous les yeux de tout le monde et que personne ne peut imiter.

83.

Le génie consiste, en tout genre, à concevoir plus vivement et plus parfaitement son objet, et de là vient qu'on trouve dans les bons auteurs quelque chose de si net et de si lumineux qu'on est d'abord saisi de leurs idées.

84.

Les grands hommes parlent comme la nature, simplement.

85.

10. Il est rare qu'on approfondisse la pensée d'un autre : de sorte que si on la rencontre de soi-même dans la suite, on la voit dans un jour si différent et avec tant de circonstances et de dépendances, qu'on se l'approprie.

86.

11. Si une pensée n'est utile qu'à peu de personnes, peu l'applaudiront.

87.

14. L'espérance anime le sage et leurre le présomptueux et l'indolent qui se reposent témérairement sur ses promesses.

88.

* La prospérité illumine la prudence.

89.

Le courage agrandit l'esprit.

90.

* Le courage a plus de ressources que la raison.

91.

* La raison est presque inutile à la faiblesse.

92.

Un sage gouvernement doit se régler par la disposition présente des esprits.

93.

Tous les temps ne permettent pas de suivre tous les bons exemples et toutes les bonnes maximes.

·94·

La vertu ne s'inspire point par la violence.

95.

Les mœurs se gâtent plus facilement qu'elles ne se redressent.

96.

* Les vrais maîtres dans la politique et la morale sont ceux qui tentent tout le bien qu'on peut exécuter et rien au-delà.

97·

L'humanité est la première des vertus.

98·

* La licence étend toutes les vertus et tous les vices.

99·

La vertu ne peut faire le bonheur des méchans.

·100.

La paix qui borne les talens et amollit les peuples, n'est un bien ni dans la morale, ni en politique.

101.

23. Les prospérités des mauvais rois ruinent la liberté des peuples.

102.

37. Le cœur des jeunes gens connaît plutôt l'amour que la beauté.

103.

* L'amour est le premier auteur du genre humain.

104.

* La solitude tente puissamment la chasteté.

105.

412. Qui fait plus de fortunes que la réputation, et qui donne si sûrement la réputation que le mérite ?

106.

50. La conscience, l'honneur, la chasteté, l'amour et l'estime des hommes sont à prix d'argent. Celui qui est riche et libéral possède tout.

107.

* La libéralité augmente le prix des richesses.

108.

51. Celui qui sait rendre son dérangement utile est au-dessus de l'économie.

109.

La vertu n'est pas un trafic, mais une richesse.

110.

424. J'ai cherché s'il n'y avait aucun moyen de faire sa fortune sans mérite : et me proposant tour à tour le service des grands, celui des femmes, la souplesse et l'adulation, etc.; j'ai conclu, de tous ces chemins, ce qu'on dit ordinairement des jeux de hasard, qu'ils ne convenaient proprement qu'à ceux qui n'avaient rien à perdre.

111.

60. La fortune exige de grands soins. Il faut être souple, amusant, cabaler, n'offenser personne, plaire aux femmes et aux hommes en place, se mêler des plaisirs et des affaires, cacher son secret, savoir s'ennuyer la nuit à table, et jouer trois quadrilles sans quitter sa chaise : même après tout cela, on n'est sûr de rien. Sans aucun de ces artifices un ouvrage fait de génie remporte de lui-même les suffrages et

fait embrasser un métier où l'on peut aller à la gloire par le seul mérite.

112.

L'écueil ordinaire des talens médiocres est l'imitation des gens riches. Personne n'est si fat qu'un bel esprit qui veut être un homme du monde.

113.

Une jeune femme a moins de complaisans qu'un homme riche qui fait bonne chère.

114.

* La bonne chère est le premier lien de la *bonne compagnie.*

115.

* La bonne chère apaise les ressentimens du jeu et de l'amour ; elle réconcilie tous les hommes avant qu'ils se couchent.

116.

* Le jeu, la dévotion, le bel esprit, sont trois grands partis pour les femmes qui ne sont plus jeunes.

117.

64. Celui qui s'habille le matin avant huit

heures pour entendre plaider à l'audience, ou pour voir des tableaux exposés au Louvre, ne se connaît ordinairement ni en peinture ni en éloquence.

118.

Les sots s'arrêtent devant un homme d'esprit comme devant une statue de Bernini, et lui donnent en passant quelque louange ridicule.

119.

Tous les avantages de l'esprit et même du cœur sont presque aussi fragiles que ceux de la fortune.

120.

71. Pensée consolante! L'avarice ne s'assouvit pas par les richesses, ni l'intempérance par la volupté, ni la paresse par l'oisiveté, ni l'ambition par la fortune. Mais, si les talens, si la gloire, si la vertu même ne nous rendent heureux, ce que l'on appelle bonheur vaut-il nos regrets?

121.

On va dans la vertu et dans la fortune le plus loin qu'on peut. La raison et la vertu même consolent du reste.

122.

* Ce ne peut être un vice dans les hommes de sentir leur force.

123.

Il y a plus de faiblesse que de raison à être humilié de ce qui nous manque, et c'est la source de toute bassesse.

124.

Ce qui me paraît de plus noble dans notre nature, est que nous nous passions si aisément d'une plus grande perfection.

125.

Nous pouvons parfaitement connaître notre imperfection sans être humilié par cette vue.

126.

* La lumière est le premier fruit de la naissance pour nous enseigner que la vérité est le plus grand bien de la vie.

127.

L'indigence contrarie nos desirs, mais elle les borne; l'opulence multiplie nos besoins, mais elle aide à les satisfaire. Si on est à sa place, on est heureux.

128.

Il y a des hommes qui vivent heureux sans le savoir.

129.

434. On oblige les jeunes gens à user de leurs biens comme s'il était sûr qu'ils dussent vieillir, quoique le contraire soit plus apparent.

130.

435. A mesure que l'âge multiplie les besoins de la nature, il resserre ceux de l'imagination (1).

131.

80. On tire peu de service des vieillards, parce que la plupart, occupés de vivre et d'amasser, sont désintéressés sur tout le reste.

132.

Qu'importe à un homme ambitieux qui a manqué sa fortune sans retour, de mourir plus pauvre ?

(1) Cette pensée est la même que la maxime 435, t. II, p. 103. Nous la répétons parce que, sur l'autorité de M. Suard, de M. de Fortia et des autres éditeurs, nous avons imprimé *il réserve*, et que M. Suard a même fait une note sur l'emploi de ce mot. On lit dans le manuscrit *il resserre*, expression aussi juste que claire. ÉDIT.

133.

Les passions des hommes sont autant de chemins ouverts pour aller à eux.

134.

Le plus vaste de tous les projets est celui de former un parti.

135.

91. Il est quelquefois plus facile à un grand homme de former un parti que de venir par degrés à la tête d'un parti formé.

136.

92. Il n'y a point de parti si aisé à détruire que celui que la prudence seule a formé. Les caprices les moins réguliers de la nature ne sont pas aussi fragiles que les chefs-d'œuvre de l'art.

137.

Si nous voulons tromper les hommes sur nos intérêts, ne les trompons pas sur les leurs.

138.

Il y a des hommes qu'il ne faut pas laisser refroidir.

139.

* Les auteurs médiocres ont plus d'admirateurs que d'envieux.

140.

* Il n'y a point d'auteur si ridicule que quelqu'un n'ait traité d'homme excellent.

141.

On fait mal sa cour aux économes par des présens.

142.

Nous voulons faiblement le bien de ceux que nous n'assistons que de nos conseils.

143.

La générosité donne moins de conseils que de secours.

144.

La philosophie est une vieille mode que certaines gens affectent encore, comme d'autres portent des bas rouges pour morguer le public.

145.

La vérité n'est pas si usée que le langage; car il appartient à moins de gens de la manier.

146.

112. On dit peu de choses solides lorsqu'on veut toujours en dire d'extraordinaires.

147.

113. Nous nous flattons sottement de persuader aux autres ce que nous ne croyons pas nous-mêmes.

148.

460. Les uns naissent pour inventer, et les autres pour embellir; mais le doreur attire plus les regards que l'architecte.

149.

Les traits hardis en tout genre ne s'offrent pas à un esprit tendu et fatigué.

150.

Rien ne dure que la vérité.

151.

* Nous n'avons pas assez de temps pour réfléchir toutes nos actions. *.

152.

* La gloire serait la plus vive de nos passions sans son incertitude.

153.

La gloire remplit le monde de vertus, et,

comme un soleil bienfaisant, elle couvre toute
la terre de fleurs et de fruits.

154.

Il arrive souvent qu'on nous estime à pro-
portion que nous nous estimons nous-mêmes.

155.

La fatuité égale la roture aux meilleurs noms.

156.

Nous ne passons les peuples, qu'on nomme
barbares, ni en courage, ni en humanité, ni
en santé, ni en plaisirs; et, n'étant ainsi ni plus
vertueux, ni plus heureux, nous ne laissons pas
de nous croire bien plus sages.

157. .

302. Les lois, qui sont la plus belle invention
de la raison, n'ont pu rendre les peuples plus
tranquilles et plus polis sans diminuer leur
liberté.

158.

303. Tandis qu'une grande partie de la nation
languit dans la pauvreté, l'opprobre et le travail, l'autre, qui abonde en honneurs, en com-
modités, en plaisirs, ne se lasse pas d'admirer

le pouvoir de la politique qui fait fleurir les arts et le commerce, et rend les États redoutables.

159.

Faut-il s'applaudir de la politique, si son plus grand effort est de faire quelques heureux au prix du repos de tant d'hommes? Et quelle est la sagesse si vantée de ces lois, qui laissent tant de maux inévitables et procurent si peu de bien?

160.

302. Les plus grands ouvrages de l'esprit humain sont très-assurément les moins parfaits.

161.

Si l'on découvrait le secret de proscrire à jamais la guerre, de multiplier le genre humain, et d'assurer à tous les hommes de quoi subsister, combien nos meilleures lois paraîtraient-elles ignorantes et barbares ?

162.

* Nous sommes tellement occupés de nous et de nos semblables, que nous ne faisons pas la moindre attention à tout le reste, quoique sous nos yeux et autour de nous.

163.

Les grands ne connaissent pas le peuple, et n'ont aucune envie de le connaître.

164.

187. Entre rois, entre peuples, entre particuliers, le plus fort se donne des droits sur le plus faible ; et la même règle est suivie par les animaux, par la matière, par les élémens, etc., de sorte que tout s'exécute dans l'univers par violence : et cet ordre que nous blâmons avec quelque apparence de justice, est la loi la plus générale, la plus absolue, la plus ancienne, et la plus immuable de la nature.

165.

Il n'y a point de violence ni d'usurpation qui ne s'autorise de quelque loi.

166.

Quand il ne se ferait aucun traité entre les princes, je doute qu'il se fît plus d'injustices.

167.

Ce que nous honorons du nom de paix n'est proprement qu'une courte trève, par laquelle le plus faible renonce à ses prétentions, justes ou injustes, jusqu'à ce qu'il trouve l'occasion de les faire valoir à main armée.

168.

568. L'équilibre que les souverains tâchent de maintenir dans l'Europe, les oblige à n'être pas plus injustes que leurs sujets, et ne fait, en quelque manière, qu'une république de tant de royaumes (1).

169.

Quand on ne regarderait l'histoire ancienne que comme un roman, elle mériterait encore d'être respectée comme une peinture charmante des plus belles mœurs dont les hommes puissent jamais être capables.

170.

N'est-il pas impertinent que nous regardions comme une vanité ridicule ce même amour de la vertu et de la gloire que nous admirons dans les Grecs et les Romains, hommes comme nous, et moins éclairés?

171.

311. Notre vie ressemble à un jeu où toutes

(1) On trouvera cette pensée mieux développée dans un ouvrage de M. de Voltaire, où je l'ai prise. *(Note de l'auteur.)*

les finesses sont permises pour usurper le bien
d'autrui à nos périls et fortune, et où l'heureux
dépouille, en tout honneur, le plus malheureux
ou le moins habile.

172.

Il est quelquefois plus difficile de gouverner
un seul homme qu'un grand peuple.

173.

577. La nature n'ayant pas égalé les hommes
par le mérite, il semble qu'elle n'a ni pu ni dû
les égaler par la fortune.

174.

L'énorme différence que nous remarquons
entre les sauvages et nous, ne consiste qu'en ce
que nous sommes un peu moins ignorans.

175.

Qu'il y a peu de pensées exactes! et combien
il en reste encore aux esprits justes à développer!

176.

Nous sommes bien plus appliqués à noter les
contradictions souvent imaginaires et les autres
fautes d'un auteur, qu'à profiter de ses vues,
vraies ou fausses.

177.

Ceux qui gouvernent les hommes ont un grand avantage sur ceux qui les instruisent ; car ils ne sont obligés de rendre compte ni de tout, ni à tous ; et si on les blâme au hasard de beaucoup de conduites qu'on ignore, on les loue peut-être de bien des sottises.

178.

Plusieurs architectes fameux ayant été employés successivement à élever un temple magnifique, et chacun d'eux ayant travaillé selon son goût et son génie, sans avoir concerté ensemble leur dessin, un jeune homme a jeté les yeux sur ce somptueux édifice, et moins touché de ses beautés irrégulières que de ses défauts, il s'est cru long-temps plus habile que tous ces grands maîtres, jusqu'à ce qu'ayant enfin été chargé lui-même de faire une chapelle dans le temple, il est tombé dans de plus grands défauts que ceux qu'il avait si bien saisis, et n'a pu atteindre au mérite des moindres beautés.

179.

L'indifférence où nous sommes de la vérité ne vient que de ce que nous sommes décidés à suivre nos passions, quoiqu'il en puisse être ; et c'est là ce qui fait que nous n'hésitons pas dans la pratique malgré l'incertitude de notre créance.

180.

Un auteur n'est jamais si faible que lorsqu'il traite faiblement les grands sujets.

181.

Rien de grand ne comporte la médiocrité.

182.

Les Empires élevés ou renversés, l'énorme puissance de quelques peuples et la chute de quelques autres, ne sont que les caprices et les jeux de la nature. Ses efforts et, si on l'ose dire, ses chefs-d'œuvre sont ce petit nombre de génies qui, de loin en loin, montrés à la terre pour l'éclairer, et souvent négligés pendant leur vie, augmentent d'âge en âge de réputation après leur mort, et tiennent plus de place dans le souvenir des hommes que les royaumes qui les ont vu naître, et qui leur disputaient un peu d'estime.

183.

Il y a des hommes qui veulent qu'un auteur fixe leurs opinions et leurs sentimens ; et d'au-

tres qui n'admirent un ouvrage qu'autant qu'il
renverse toutes leurs idées, et ne leur laisse aucun principe d'assuré.

184.

Il n'appartient qu'aux ames fortes et péné-
trantes de faire de la vérité le principal objet de
leurs passions.

185.

Nous ne renonçons pas aux biens que nous nous
sentons capables d'acquérir.

186.

La force ou la faiblesse de notre créance dépend plus de notre ame que de notre esprit.

187.

L'expérience que nous avons des bornes de
notre raison, ouvre notre esprit aux soupçons et
aux fantômes de la peur.

188.

618. Ceux qui méprisent l'homme se croient
de grands hommes.

189.

219. Ce qu'on voit tous les jours dans le monde
est arrivé dans la morale. L'homme étant tombé
dans la disgrâce des philosophes, ç'a été à qui le

chargerait de plus de vices. S'il arrive jamais qu'il se relève de cette dégradation, et qu'on le remette à la mode, nous lui rendrons à l'envi toutes ses vertus, et bien au-delà.

190.

Il n'y a point de noms si révérés et défendus avec tant de chaleur, que ceux qui honorent un parti.

191.

Les grands rois, les grands capitaines, les grands politiques, les écrivains sublimes sont des hommes. Toutes les épithètes fastueuses dont nous nous étourdissons, ne veulent rien dire de plus.

192.

Tout ce qui est injuste nous blesse, lorsqu'il ne nous profite pas directement.

193.

Nul homme n'est assez timide, ou glorieux, ou intéressé, pour cacher toutes les vérités qui pourraient lui nuire.

194.

La dissimulation est un effort de la raison, bien loin d'être un vice de la nature.

195.

* Celui qui a besoin d'un motif pour être engagé à mentir, n'est pas né menteur.

196.

Tous les hommes naissent sincères et meurent trompeurs.

197.

Qu'il est difficile de faire un métier d'intérêt sans intérêt !

198.

Les prétendus honnêtes gens, dans tous les métiers, ne sont pas ceux qui gagnent le moins.

199.

Il est plaisant que de deux hommes qui veulent également s'enrichir, l'un l'entreprenne par la fraude ouverte, et l'autre par la bonne foi, et que tous les deux réussissent.

200.

Les hommes semblent être nés pour faire des dupes et l'être eux-mêmes.

201.

S'il est facile de flatter les hommes en place, il l'est encore plus de se flatter soi-même auprès d'eux. Un seul homme en amuse une infinité d'autres, tous uniquement occupés de le tromper.

202.

* L'espérance fait plus de dupes que l'habileté.

203.

Celui qui a besoin des autres les avertit de se défier de lui. Un homme inutile a bien de la peine à tromper personne.

204.

Les grands vendent trop cher leur protection, pour que l'on se croie obligé à aucune reconnaissance.

205.

Les grands n'estiment pas assez les autres hommes pour vouloir se les attacher par des bienfaits.

206.

On ne regrette pas la perte de tous ceux qu'on aime.

207.

L'intérêt nous console de la mort de nos proches, comme l'amitié nous consolait de leur vie.

208.

Nous blâmons quelques hommes de trop s'af-
fliger, comme nous reprochons à d'autres d'être
trop modestes, quoique nous sachions bien ce
qui en est.

209.

330. Quiconque a vu des masques dans un
bal, danser amicalement ensemble et se tenir
par la main sans se connaître, pour se quitter
le moment d'après et ne plus se voir, peut se
faire une idée du monde.

210.

On fait plutôt fortune près des grands en leur
facilitant les moyens de se ruiner, qu'en leur
apprenant à s'enrichir.

211.

Un nouveau principe est une source inépuisable de nouvelles vues.

212.

Lorsqu'un édifice a été porté jusqu'à sa plus
grande hauteur, tout ce qu'on peut faire est de
l'embellir ou d'y changer des bagatelles sans
toucher au fond. De même on ne peut que ram-
per sur les vieux principes de la morale, si l'on

n'est soi-même capable de poser d'autres fondemens, qui, plus vastes et plus solides, puissent
porter plus de conséquences, et ouvrir à la réflexion un nouveau champ.

213.

L'invention est l'unique preuve du génie.

214.

Le sentiment ne nous est pas suspect de fausseté.

215.

On n'apprend aux hommes les vrais plaisirs
qu'en les dépouillant de faux biens, comme on
ne fait germer le bon grain qu'en arrachant l'i-
vraie qui l'environne.

216.

Il n'y a point, nous dit-on, de faux plaisirs :
à la bonne heure ; mais il y en a de bas et de mé-
prisables. Les choisirez-vous ?

217.

La vanité est le premier intérêt des riches.

218.

C'est la faute des panégyristes ou de leurs
héros, lorsqu'ils ennuient.

219.

L'esprit ne tient pas lieu du savoir.

220.

L'intérêt du faible est de dépendre pour être protégé : cela n'empêche pas qu'il ne soit misérable d'avoir besoin de protection, et c'est au contraire la preuve de sa faiblesse et de son malheur.

221.

Il faut savoir mettre à profit l'indulgence de nos amis et la sévérité de nos ennemis.

222.

Pauvre, on est occupé de ses besoins; riche on est dissipé par les plaisirs; et chaque condition a ses devoirs, ses écueils et ses distractions, que le génie seul peut franchir.

223.

Les grands hommes le sont quelquefois dans les petites choses.

224.

Nous n'osons pas toujours entretenir les autres de nos opinions; mais nous saisissons ordinairement si mal leurs idées, que nous perdrions peut-être moins dans leur esprit à parler comme nous pensons, et nous serions moins ennuyeux.

225.

Quelle diversité, quel intérêt et quel changement dans les livres, si on n'écrivait plus que ce qu'on pense !

226.

L'amitié n'est pas plus volage que la haine.

227.

On pardonne aisément les maux passés et les aversions impuissantes.

228.

Les traités les mieux ménagés ne sont que la loi du plus fort.

229.

Il n'est pas besoin d'un long apprentissage pour se rendre capable de négocier, toute notre vie n'étant qu'une pratique non interrompue d'artifices et d'intérêts.

230.

Si les armes prospèrent et que l'État souffre, on peut en blâmer le ministre, non autrement;

à moins qu'il ne choisisse de mauvais généraux
ou qu'il ne traverse les bons.

231.

Quiconque ose de grandes choses, risque inévitablement sa réputation.

232.

Il faudrait qu'on pût limiter les pouvoirs d'un
négociateur sans trop resserrer ses talens, et
du moins ne le pas gêner dans l'exécution de ses
ordres. On le réduit à traiter, non selon son
propre génie, mais selon l'esprit du ministre
dont il ne fait que porter les paroles, souvent
opposées à ses lumières. Est-il si difficile de trouver des hommes assez fidèles et assez habiles pour
leur confier le secret et la conduite d'une négo-
ciation ? ou serait-ce que les ministres veulent
être l'ame de tout, et ne partager leur ministère
avec personne ? Cette jalousie de l'autorité a été
portée si loin par quelques uns, qu'ils ont prétendu conduire de leur cabinet jusqu'aux guerres
les plus éloignées, les généraux étant tellement
asservis aux ordres de la cour, qu'il leur était
presque impossible de profiter de la faveur des
occasions, quoiqu'on les rendît responsables des
mauvais succès.

233.

Nul traité qui ne soit comme un monument de la mauvaise foi des souverains.

234.

On dissimule quelquefois dans un traité, de part et d'autre, beaucoup d'équivoques qui prouvent que chacun des contractans s'est proposé formellement de le violer dès qu'il en aurait le pouvoir.

235.

La guerre se fait aujourd'hui entre les peuples de l'Europe si humainement, si habilement, et avec si peu de profit, qu'on peut la comparer, sans paradoxe, aux procès des particuliers, où les frais emportent le fond, et où l'on agit moins par force que par ruse.

236.

Les grandes places instruisent promptement les grands esprits.

237.

Despréaux n'a jugé de Quinault que par ses défauts, et les amateurs du poète lyrique n'en jugent que par ses beautés.

238.

La musique de Montéclair (1) est très-sublime dans le fameux chœur de *Jephté;* mais les paroles de l'abbé Pellegrin (2) ne sont que belles. Ce n'est pas de ce que l'on danse autour d'un tombeau à l'Opéra, ou de ce qu'on y meurt en chantant, que je me plains; il n'y a point de gens raisonnables qui trouvent cela ridicule. Mais je suis fâché que les vers soient toujours au-dessous de la musique, et que ce soit du musicien qu'ils empruntent leur principale expression. Voilà le défaut. Et lorsque j'entends dire, après cela, que Quinault a porté son genre à sa perfection, je m'en étonne, et quoique je n'aie pas grande con-

(1) *Montéclair* (Michel), célèbre musicien, né près de Chaumont en Bassigny en 1666, montra dès sa plus tendre enfance de la disposition pour la musique; il reçut les premières leçons de Moreau, maître de chapelle de la cathédrale de Langres. En 1700 il vint à Paris, entra à l'orchestre de l'Opéra, où il fut le premier qui joua de la contrebasse. Il mourut en septembre 1737 suivant Du Tillet, et le 24 mars de la même année selon l'auteur du *Mercure* (Mars 1738, p. 566). On a de lui plusieurs ouvrages estimés des musiciens; il a mis en musique trois poëmes de l'abbé Pellegrin, et entre autres la tragédie de *Jephté*, représentée en 1731. ÉDIT.

(2) *Pellegrin* (Simon-Joseph), né à Marseille en 1663, d'abord religieux de l'ordre des Servites, et depuis abbé de Cluni, mourut le 5 septembre 1745. ÉDIT.

naissance là-dessus, je ne puis du tout y souscrire.

239.

Tous ceux qui ont l'esprit conséquent ne l'ont pas juste. Ils savent bien tirer des conclusions d'un seul principe, mais ils n'aperçoivent pas toujours tous les principes et toutes les faces des choses. Ainsi ils ne raisonnent que sur un côté, et ils se trompent. Pour avoir l'esprit toujours juste, il ne suffit pas de l'avoir droit, il faut encore l'avoir étendu. Mais il y a peu d'esprits qui voient en grand, et qui en même temps sachent conclure. Aussi n'y a-t-il rien de plus rare que la véritable justesse. Les uns ont l'esprit conséquent, mais étroit. Ceux-là se trompent sur toutes les choses qui demandent de grandes vues. Les autres embrassent beaucoup, mais ils ne tirent pas si bien des conséquences; et tout ce qui demande un esprit droit, les met en danger de se perdre.

240.

Nous ne savons pas beaucoup de gré à nos amis d'estimer nos bonnes qualités, s'ils osent seulement s'apercevoir de nos défauts. Nous voudrions sottement des hommes qui fussent clairvoyans sur nos vertus et aveugles sur nos faiblesses.

241.

483. On peut penser beaucoup de mal d'un homme, et être tout-à-fait de ses amis : car on sait bien que les plus honnêtes gens ont leurs défauts, quoiqu'on suppose tout haut le contraire ; et nous ne sommes pas si délicats que nous ne puissions aimer que la perfection. On peut aussi beaucoup médire de l'espèce humaine, sans être en aucune manière misanthrope, parce qu'il y a des vices que l'on aime, même dans autrui.

242.

179. Si nos amis nous rendent de bons offices, nous pensons qu'à titre d'amis, ils nous les doivent, et nous ne pensons point du tout qu'ils ne nous doivent pas leur amitié.

243.

Quelque service que l'on rende aux hommes, on ne leur fait jamais autant de bien qu'ils croient en mériter.

244.

La familiarité et l'amitié font beaucoup d'ingrats.

245.

Les grandes vertus excitent les grandes jalousies. Les grandes générosités produisent les grandes ingratitudes. Il en coûte trop d'être juste envers le mérite éminent.

246.

Ni la pauvreté ne peut avilir les ames fortes, ni la richesse ne peut élever les ames basses. On cultive la gloire dans l'obscurité ; on souffre l'opprobre dans la grandeur. La fortune, qu'on croit si souveraine, ne peut presque rien sans la nature.

247.

Il y a de fort bonnes gens qui ne peuvent se désennuyer qu'aux dépens de la société.

248.

Quelques uns entretiennent familièrement et sans façon le premier homme qu'ils rencontrent, comme on s'appuierait sur son voisin si on se trouvait mal dans une église.

249.

La ressource de ceux qui n'imaginent pas beaucoup de choses est de la conter à beaucoup de gens.

250.

La raison qui n'est pas fondée sur la nature est illusion.

251.

L'intérêt est la règle de la prudence.

252.

La conscience est présomptueuse dans les sains, timide dans les faibles et les malheureux, inquiète dans les indécis, etc. Organe obéissant du sentiment qui nous domine, plus trompeuse que la raison et la nature.

253.

Nous jugeons de la vie d'une manière trop désintéressée, quand nous sommes forcés de la quitter. Nous n'en penserions pas de même si nous obtenions d'y rentrer.

254.

470. Socrate savait beaucoup moins que F...(1) Il y a peu de sciences utiles.

255.

S'il est vrai qu'on ne peut anéantir le vice,

(1) Fontenelle.— Vauvenargues a dit la même chose de Bayle. *Voyez* t. II, p. 108, *max.* 470. ÉDIT.

la science de l'homme est de le faire servir à la
vertu.

256.

La morale austère ressemble à la science de
ces hommes graves (1) qui détruisent le genre
humain, pour détruire un vice du sang souvent
imaginaire.

257.

La science des mœurs ne donne pas celle des
hommes.

258.

L'esprit enveloppe les simplicités de la nature
pour s'en attribuer l'honneur.

259.

495. La présence d'esprit est plus nécessaire à
un négociateur qu'à un ministre. Les grandes
places dispensent quelquefois des moindres talens.

260.

496. Quelque mérite qu'il puisse y avoir à
négliger les grandes places, il est pourtant vrai
qu'elles passent notre esprit.

(1) Les médecins.

16.

261.

197. Le dégoût est un témoignage d'indigestion et de faiblesse.

262.

202. O pompe des cieux ! qu'êtes-vous ? Nous avons surpris le secret et l'ordre de vos mouvemens. Dans la main d'un roi invisible, esclaves soumis et ressorts peut-être insensibles, le monde sur qui vous régnez, mériterait-il nos hommages ? Les révolutions des empires, la diverse face des temps, les nations qui ont dominé, et les hommes qui ont fait la destinée de ces nations mêmes, les principales opinions et les coutumes qui ont partagé la créance des peuples dans la religion, les arts, la morale et les sciences, tout cela que peut-il paraître ? Un homme du creux d'un rocher, et comme un atome invisible sur la terre, embrasse en quelque sorte d'un coup d'œil le spectacle de l'univers dans tous les âges.

263.

211. J'aime un écrivain qui embrasse tous les temps et tous les pays, et rapporte beaucoup d'effets à peu de causes ; qui compare les préjugés et les mœurs de différens siècles, qui, par des

exemples tirés de la musique et de la peinture,
me fait connaître les beautés de l'éloquence et
l'étroite liaison des arts. Je dis d'un homme qui
rapproche ainsi les choses humaines, qu'il les
voit en grand, si ses conséquences sont justes ;
car s'il conclut mal, il voit mal et n'a pas l'esprit étendu.

264.

215. Savoir bien rapprocher les choses, voilà
l'esprit juste. Le don de rapprocher beaucoup
de choses et de grandes choses, c'est l'esprit
étendu ; de là l'exclusion naturelle de tout esprit
faux.

265.

216. Un homme qui digère mal et qui est vo-
race ; c'est l'image de beaucoup d'esprits.

266.

Chaque condition a ses erreurs et ses lumières ; chaque peuple a ses mœurs et son génie
selon sa fortune. Les Grecs, que nous avons
passés en délicatesse, nous passaient en simplicité.

267.

503. Tout ce que nous prenons pour des défauts n'est pas tel.

268.

La raison et le sentiment se conseillent et se suppléent tour à tour. Quiconque ne consulte qu'un des deux et renonce à l'autre, s'affaiblit lui-même, et trompe, par son imprudence, les sages précautions de la nature.

269.

506. L'intérêt d'une seule passion, souvent malheureuse, tient quelquefois toutes les autres en captivité; et notre raison enchaînée porte ses fers sans pouvoir les rompre.

270.

Il n'y a point de gloire achevée sans celle des armes.

271.

La gloire embellit les héros.

272.

On est encore bien éloigné de plaire, quand on n'a que de l'esprit.

273.

528. Nous avons des règles pour le théâtre qui passent peut-être nos forces, et que les plus heureux génies n'exécutent que faiblement.

274.

529. Si une pièce est faite pour être jouée, il n'en faut pas juger par la lecture, mais par l'effet des représentations.

275.

Il arrivera peut-être que la raison humaine se perfectionnera encore beaucoup, et ce que nous savons ne sera rien. Mais ceux qui pourront nous passer dans les routes que nous leur ouvrons, et qui s'en croiront plus d'esprit, n'en vaudront pas mieux par le cœur.

276.

N'avoir nulle vertu ou nul défaut est également sans exemple.

277.

293. On suppose que ceux qui servent la vertu par intérêt, la trahiraient pour le vice utile. Point du tout : l'intérêt d'un esprit bien fait ne se trouve guère dans le vice, et son inclination ou sa raison y répugnent trop fortement.

278.

Si la vertu se suffisait à elle-même, elle ne

serait plus une qualité humaine mais surnatu-
relle.

279.

262. Des auteurs sublimes n'ont pas négligé
de primer encore par les agrémens, flattés de
remplir l'intervalle qui sépare les extrémités et
de contenter tous les goûts. Le public, au lieu
d'applaudir à l'universalité de leurs talens, a
cru qu'ils étaient incapables de se soutenir dans
l'héroïque, et on n'ose les égaler à ces grands
hommes qui, soigneux de conserver dans tous
leurs écrits un caractère plein de dignité et de
noblesse, paraissent avoir dédaigné de dire tout
ce qu'ils ont tû, et abandonné aux génies subalternes les talens médiocres.

280.

265. Je n'ôte rien à l'illustre Racine, le plus
sage et le plus éloquent des poètes, pour n'a-
voir pas traité beaucoup de choses qu'il eût em-
bellies; content d'avoir montré, dans un seul
genre, la richesse et la sublimité de son esprit.
Mais je me sens forcé de respecter un génie hardi
et fécond, élevé, pénétrant, facile, plein de
force, aussi vif et ingénieux dans les petites
choses que vrai et pathétique dans les grandes,
toujours clair, concis et brillant, philosophe

et poëte illustre au sortir de l'enfance, répandant sur tous ses écrits l'éclatante et forte lumière de son jugement, instruit dans la fleur de son âge de toutes les connaissances utiles au genre humain, amateur et juge éclairé de tous les arts, savant à imiter toutes sortes de beautés par la grande étendue de son génie, et maître dans les genres les plus opposés. J'admire la vivacité de son esprit, sa délicatesse, son érudition et cette vaste intelligence qui comprend si distinctement tant de faits et d'objets divers. Bien loin de critiquer ses endroits faibles ou ses fautes, je m'étonne qu'ayant osé se montrer sous tant de faces, on ait si peu de choses à lui reprocher.

281.

Ceux qui ne nous proposent que des paradoxes et des contradictions imaginaires sont les charlatans de la morale.

282.

274. Qui a le plus a, dit-on, le moins. Cela est faux. Le roi d'Espagne, tout puissant qu'il est, ne peut rien à Lucques. *Les bornes des talens sont encore plus inébranlables que celles des Empires*, et on usurperait plutôt toute la terre que la moindre vertu.

283.

253. Les chagrins et les joies de la fortune se taisent à la voix de la nature, qui la passe en rigueur comme en bonté.

284.

609. La solitude est à l'esprit ce que la diète est au corps, mortelle lorsqu'elle est trop longue, quoique nécessaire.

285.

Il y a peu de situations désespérées pour un esprit ferme qui combat à force inégale, mais avec courage, la nécessité.

286.

603. Nous sied-il de braver la mort, nous qu'on voit inquiets et tremblans pour les plus petits intérêts ?

287.

Nous louons souvent les hommes de leur faiblesse, et nous les blâmons de leur force.

288.

73. Le faible s'applaudit lui-même de sa modération, qui n'est que paresse et vanité.

289.

Les siècles savans ne l'emportent guère sur les autres, qu'en ce que leurs erreurs sont plus subtiles.

290.

Les simplicités nous délassent des grandes spéculations.

291.

Le plus ou le moins d'esprit est peu de chose, et ce peu fait pourtant la force, la grâce et la perfection des intelligences ou tout au contraire, comme la disposition de quelques uns de nos organes fait la santé ou la maladie, la difformité ou la beauté du corps, objets importans pour les hommes, quoique petits à leurs propres yeux.

292.

242. Quelque vanité qu'on nous reproche, nous avons besoin quelquefois qu'on nous assure de notre mérite, et qu'on nous prouve nos avantages les plus manifestes.

293.

Le desir de la gloire prouve également et la présomption et l'incertitude où nous sommes de notre mérite.

294.

Nous ambitionnerions moins l'estime des hommes, si nous étions plus sûrs d'en être dignes.

295.

259. Le sot s'assoupit et fait diète (1) en bonne compagnie, comme un homme que la curiosité a tiré de son élément et qui ne peut ni respirer ni vivre dans un air subtil.

296.

* Il est aisé de critiquer un ouvrage; mais il est difficile de l'apprécier.

297.

539.* Osons l'avouer, la raison fait des philosophes, la gloire fait des héros ; la seule vertu fait des sages.

(1) Cette maxime a été imprimée dans le second volume sous le n°. 259. On y lit : *Le sot s'assoupit et fait la sieste*, etc. C'est probablement une faute. Les expressions du manuscrit sont *fait diète :* expressions qui offrent un sens très-précis ; c'est-à-dire, *la nourriture du génie ne peut être à l'usage du sot.* ÉDIT.

ÉLOGE

DE LOUIS XV.

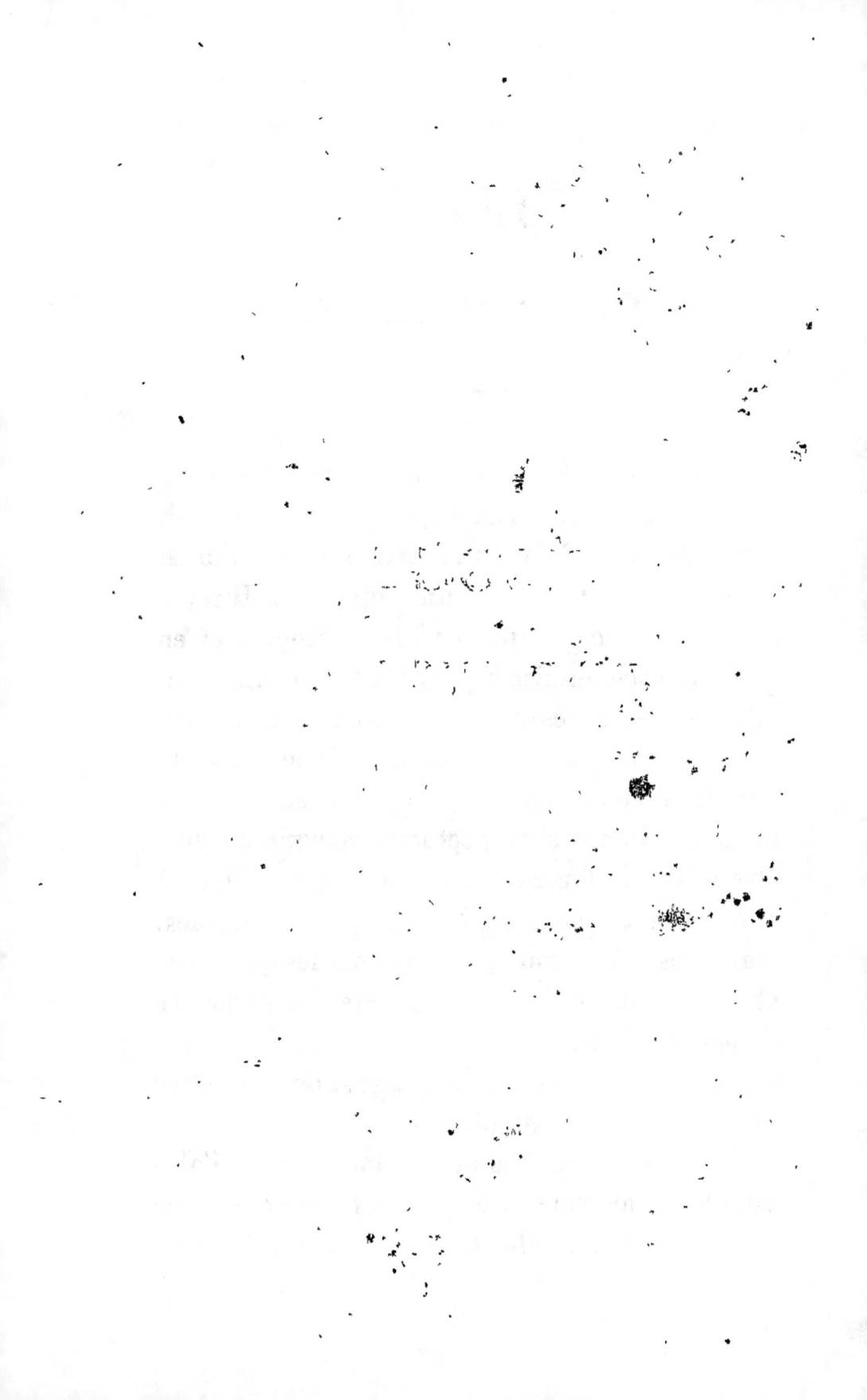

ÉLOGE

DE LOUIS XV.

———

Rien ne caractérise un mauvais règne comme la flatterie portée à l'excès, et je n'ai jamais lu la vie de Louis XIV, sans être étonné qu'un si grand roi ait été loué comme un tyran. Il n'y a point de louanges qu'on n'ait employées et en quelque sorte épuisées pour flatter son ame ambitieuse ; et après cet emportement qui ne fait que farder sa gloire, il semble qu'il ne soit resté que le silence aux vertus de son successeur ; mais un silence si respectueux marquera peut-être mieux la force de son caractère supérieur à l'adulation, que les plus pompeuses paroles. Oui, j'ose dire que les louanges les plus recherchées seraient moins assorties au caractère de ses sentimens ; il fallait que sa modestie incorruptible reçût ce témoignage singulier, et ce nouvel hommage attendait sa vertu.

Toutefois je ne dois pas craindre, dans l'obscurité qui me cache, d'épancher mon cœur sur sa vie, et ma faible voix de si loin n'offensera

pas son oreille. Grand roi , permettez-moi , du
moins , d'admirer cette modestie qui mérite à si
juste titre les louanges qu'elle refuse , cette haute
modération qui ne s'est jamais démentie , cette
inépuisable sagesse..... Je n'entreprendrai pas
de marquer tous les dons que le ciel a versés sur
vous ; détourné d'un travail si noble par d'autres devoirs , je laisse à des mains plus savantes
ce vaste sujet.

Un roi révéré de ses peuples , protecteur sévère des lois et de l'innocence opprimée , montra , dans un siècle barbare , la même sagesse sur
le même trône. Aidé d'un ministre fidèle , partageant avec lui les soins de son État et l'amour de
la paix , et l'ardeur du travail et le zèle du bien
public , son règne semble avoir été le glorieux
modèle du vôtre. Mais ni ce sage roi n'était né
sur le trône , ni son heureux ministre , élevé de
bonne heure à cet éminent caractère , n'a eu la
destinée du vôtre. Il était réservé à ce siècle de
voir un roi né dans la pourpre , rassemblant dans
une jeunesse si exposée à la séduction , avec toutes
les qualités du trône , les vertus d'un particulier,
et un particulier blanchi dans les conditions ordinaires possédant les talens d'un roi dans la plus
extrême vieillesse. Pardonnez-moi , Louis , de
mêler vos louanges à celles d'une sujet honoré

par vous-même d'une si constante affection et d'une si pleine confiance. Vous avez fait paraître aux yeux de l'univers ce que d'autres ont déjà dit : que la sagesse sait rapprocher sans effort toutes les conditions et tous les âges, et que le cœur d'un jeune et magnanime prince ne peut être fixé que par les avantages et les grâces de la vertu. Vous l'aviez rencontrée dans ce sage vieillard avec ses immortels attraits, et vos mains royales décoraient de tous les dons de la fortune sa vie défaillante. Maintenant ce puissant génie veille dans le sein de la mort sur les destinées de l'État, et ses mânes, pleins des désordres et des troubles de l'univers, se conseillent dans le silence et l'obscurité du tombeau. N'appréhendez rien, ombre illustre, du cours inconstant des affaires ; quoi que la fortune entreprenne, votre place est marquée chez la postérité, et vous aurez le sort de ces deux grands ministres (1) accusés en mourant par la haine publique et depuis toujours admirés. La gloire du roi votre maître vous assure cette haute et immortelle destinée. Que ne pouvez-vous du cercueil, affranchi des lois de la mort, lui rendre à lui-même témoignage. Oh ! si vous étiez à ma place, que n'aurions-nous pas lieu d'attendre ? Vous avez été le témoin des pro-

(1) Richelieu, Mazarin.

diges de son enfance. Quel prince fut jamais dans la force de l'âge, ou plus ferme ou plus juste, ou plus impénétrable ou plus attaché aux devoirs et aux bienséances du trône? Quel céda jamais moins à l'importunité et aux cabales, ou même à ses propres penchans? Vous diriez qu'il n'est pas le maître de ses grâces : la raison dispose de tout ; et cette foule d'hommes inutiles, mais avides, qui assiégent éternellement les princes faibles, s'éloigne de lui. Louis XIV s'était piqué d'avoir une cour magnifique, et la gloire du roi sera d'en avoir banni l'intérêt. C'est à vous, messieurs, de le dire, vous qui avez l'honneur de l'approcher, vous que sa seule familiarité attache si tendrement à lui, et qui n'ayant encore que de la vertu, voyez sans regret toutes ses grâces consacrées aux services. Vous savez qu'il a des amis sans avoir des favoris, que l'on n'aime en lui que lui-même, et qu'il jouit sur le trône des douceurs de toutes les conditions parce qu'il en a les vertus. O rare merveille! un monarque qui inspire sa modération à tant d'hommes qui l'environnent, et à ce qu'il y a de plus cher! Qu'il est aimable d'être encore sur le trône homme comme nous, et qu'il est admirable de savoir être homme sans cesser pourtant d'être roi !

Peuples, je pourrais vous parler de la prospérité de tant d'années coulées dans le repos et
l'abondance par ses soins; mais touché d'une
autre pensée dans l'état présent des affaires, et
après avoir vu moi-même vos plus justes espérances renversées, vos conquêtes abandonnées,
la gloire de notre nation flétrie, et la mort irri-
tée, au milieu de nos camps, menaçant nos armées d'une entière ruine; dans le deuil de tant
de familles et l'accablement des impôts, suite
déplorable de la guerre, je ne vous ferai pas un
tableau fastueux de nos avantages passés, les
dettes acquittées, les services payés, l'ordre ré-
tabli sans violence, un État fameux dans l'Europe, l'ancien héritage de notre ennemi, réuni
après tant de siècles et par un traité solennel,
fruit de deux glorieuses campagnes, au trône
dont il émanait; et pour dire tout en un mot,
la France dans un tel degré de réputation et de
puissance, qu'à cet événement fatal, le triste signal de la guerre qui désole tant de royaumes,
nous avons vu le roi porter ses armes redoutées
jusqu'à l'orient de l'Europe, disposer de l'Empire et du sceptre de Bohême, sans qu'aucune
nation ait osé ouvertement se déclarer, sans
qu'aucune encore, aujourd'hui qu'il a rappelé
ses armées, puisse se rasseoir dans ses craintes.

17.

Hélas! c'était la paix qui nous avait donné la plupart de ces avantages ; la paix qui faisait fleurir toutes les vertus civiles et qui laissait éteindre tous les grands talens, la sagesse, la prospérité, l'autorité du roi paraissant les rendre inutiles ; la paix, dis-je, qui nous reproche et l'énervement des courages et la corruption des esprits, et que pour ces raisons je ne veux plus louer. Mais nous devons du moins cette justice au roi, que si le succès de la guerre n'est pas tel qu'on pouvait l'attendre, le seul intérêt de l'État et la seule équité l'ont porté à l'entreprendre. Jamais une injuste ambition n'a fait le malheur de ses peuples ; non, jamais l'ambition n'a vaincu sa grande ame. Tout l'univers le sait : tant qu'il a pu tenir la concorde parmi les princes, il l'a fait au prix même, si je l'ose dire, de sa propre gloire. Vous n'avez pas toujours recherché cet éloge, grand roi qui l'avez précédé! Votre courage altier, ennemi du repos, vous a quelquefois emporté. Qui osera blâmer vos erreurs? Vous n'aviez pas les grands exemples que vous avez laissés au roi instruit par vos expériences et par vos dernières paroles : les tristes suites de l'ostentation et de la gloire n'avaient pas paru à vos yeux. Si vous fussiez né dans les mêmes circonstances, ô magnanime héros, sans doute vous auriez régné par les mêmes principes et avec les mêmes vertus !

Toutefois qui peut s'assurer de ce qui se passe dans le cœur des rois et de ce qui détermine leurs volontés. Un ordre, supérieur à leur puissance, dispose à une fin impénétrable toutes leurs pensées, et conduit par leurs mains obéissantes le sort des Empires. De là ces secrètes misères causées par l'ambition de Louis XIV, au milieu de l'éclat de ses victoires ; de là le courage du roi éprouvé par quelque disgrâce après une si longue et si surprenante tranquillité ; de là nos ennemis, tout près d'être accablés, soutenus contre l'attente de tout l'univers par une si puissante protection.

O peuples ! ne nous plaignons plus d'un revers de peu de durée. Le venin contagieux et redoutable de la maladie ne travaille plus nos armées ; la mort a cessé ses ravages ; les tombeaux sont fermés ; de nouveaux défenseurs se rassemblent sous nos drapeaux. La mollesse avait énervé dans le cours d'une longue paix le courage de la nation, les plaisirs l'avaient corrompue, la gloire l'avait enivrée, et l'adversité pouvait seule réveiller l'ancienne vertu. Regardez comme en un moment l'insolence de l'ennemi nous a fait partout des soldats ! A peine il menace en son camp, l'humble laboureur prend les armes, le peuple abandonne ses bourgs, une redoutable jeunesse marche fièrement sur le Rhin. O fleuve ! un carnage (1) subit a vengé vos bords des rapines et des attentats du Croate. Ainsi puissent tous ces brigands, qui s'étaient promis nos dépouilles, trouver leur tombeau sous vos ondes. Et vous, prince, l'objet de ce discours, puissiez-vous toujours triompher des complots de vos ennemis ; puissiez-vous tourner à leur honte leur rage impuissante ! Trop faible pour continuer l'éloge de vos vertus, je m'arrête à faire ces vœux pour la gloire, pour le bonheur et pour le repos de vos peuples.

(1) Action de Chalampé.

VARIANTE.

O peuples ! cessons de nous plaindre d'un revers de peu de durée. Le Dieu des armées, satisfait, a déjà détourné de nous le nuage de sa colère : une fièvre aiguë et mortelle ne ravage plus nos légions ; la santé renaît dans nos camps.

Notre inexorable ennemi avait établi sur nos pertes un espoir rempli d'arrogance, et suivait d'un œil homicide les traces effrayantes que la mort laissait parmi nous ; son ressentiment l'aveuglait. Louis, offensé dans son trône, a frappé la terre du sceptre, et soudain du fond des hameaux, séjour humble du laboureur, un peuple intrépide a marché. Le berger s'est armé de fer, le pauvre a quitté sa moisson, et le père et le fils, et le frère et l'époux ont volé sur le bord du fleuve, le rempart de leurs champs féconds. O terre martiale ! ô cabanes ! ô peuple vraiment redoutable ! vaillante milice ! jurons sur ce bord, fatal aux brigands qui s'étaient promis nos dépouilles, de venger la mort de nos frères ! promettons....... O mânes puissans ! entendez ce serment terrible : nous jurons de tremper nos mains dans le sang de vos ennemis. Soufflez dans nos cœurs votre audace et votre courage intrépide, combattez cachés dans nos rangs ; si quelqu'un de nous vous trahit, qu'une mort soudaine l'accable. Et vous dont la cendre repose sous les marbres de St.-Denis, fortunés guerriers que la gloire suit dans les horreurs du tombeau ; hélas! vous dormez dans la nuit de vos solitaires asiles; un rayon de votre génie confondait tous nos ennemis. Secondez du sein de la mort l'héritier sacré de vos maîtres, veillez dans la nuit sur ses camps ; faites-y veiller la sagesse avec la valeur éclairée, et portez le sommeil, la terreur, l'imprudence dans les tentes de l'ennemi. Que tout tombe, que tout fléchisse au seul bruit du nom de Louis ! Qu'il puisse redonner la loi et la paix à la terre entière ! Trop faible pour continuer cet éloge de sa vertu, je forme ces vœux pour sa gloire.

RÉFLEXIONS

SUR LE CARACTÈRE

DES DIFFÉRENS SIÈCLES. *

———

Nous avons hérité des connaissances et des inventions de tous les siècles; nous sommes donc plus riches des biens de l'esprit : cela ne peut guère nous être contesté sans injustice. Mais nous-mêmes aurions tort peut-être de confondre cette richesse héritée et empruntée avec le génie qui la donne. Combien de réflexions acquises sont stériles pour nous! Étrangères dans notre esprit, où elles n'ont pas pris naissance, il arrive souvent qu'elles confondent notre jugement beaucoup plus qu'elles ne l'éclairent. Nous plions sous le poids de tant de connaissances différentes, comme ces États qui succombent par trop de conquêtes, et où l'opulence introduit de nou-

---

* Cet ouvrage, déjà refait deux fois par l'auteur, s'est retrouvé dans les manuscrits avec des variantes remarquables : c'est pour cette raison que nous le donnons encore ici. ÉDIT.

veaux vices et de plus terribles désordres; car
très-peu, de gens sont capables de faire un bon
usage de l'esprit d'autrui; et quelles que soient
les lumières de ce siècle, quelles lumières même
qu'on acquière encore, je suis vivement persuadé que le plus grand nombre des esprits sera
toujours peuple, comme l'est, dans les plus
puissantes monarchies, la meilleure partie des
hommes.

A la vérité on ne croira plus aux sorciers et
au sabbat dans un siècle tel que le nôtre; mais
on croira encore à Calvin et à Luther. On parlera
de beaucoup de choses comme si elles avaient
des principes évidens, et on disputera en même
temps de toutes choses, comme si toutes étaient
incertaines. On blâmera un homme de ses vices,
et on ne saura point s'il y a des vices. On dira
d'un poète qu'il est sublime, parce qu'il aura
peint un grand personnage; et ces sentimens hé-
roïques qui font la grandeur du tableau, on les
méprisera dans l'original. L'effet des opinions
multipliées au-delà des forces de l'esprit, est
de produire des contradictions et d'ébranler la
certitude des meilleurs principes. Les objets
présentés sous trop de faces ne peuvent se ran-
ger, ni se développer, ni se peindre distinctement dans l'imagination des hommes. Incapables

de concilier toutes leurs idées, ils prennent les
divers côtés d'une même chose pour des contradictions de sa nature. Plusieurs ne veulent pas
prendre la peine de comparer les opinions des
philosophes. Ils n'examinent point si dans l'oppo-
sition de leurs principes, quelqu'un d'eux a fait
pencher la balance de son côté; il suffit qu'on ait
contesté tous les principes, pour qu'ils les croient
également problématiques : de là le pyrrhonisme
qui replonge le genre humain dans l'ignorance,
parce qu'il sape, par le fondement, toutes les
sciences.

Je ne cite pas nos erreurs pour diminuer les
véritables avantages de notre siècle; je voudrais
seulement qu'elles nous inspirassent un peu d'indulgence pour les siècles qui nous précèdent.
Qu'avons-nous à leur reprocher? l'extravagance
de leur religion? Mettons-nous un moment à
leur place. Aurions-nous deviné la nôtre? n'a-
t-il pas fallu qu'elle nous fût révélée? notre
esprit était-il capable de produire une religion
si divine? Nous ne les blâmons pas, répondons-
nous, de n'avoir pas connu la vraie religion,
mais d'en avoir suivi de fausses et de ridicules.
Ce reproche est encore injuste. Les hommes sont
nés pour croire des dieux, pour attendre ce
qu'ils souhaitent, pour craindre ce qu'ils ne

connaissent pas, pour sentir la puissante main
qui tient tout l'univers en servitude. Leur esprit curieux et craintif sondait à tâtons dans
la nuit le secret redouté de la nature. Il n'avait
pas plu au vrai Dieu de se manifester encore à
tous les peuples. Représentons-nous leur état.
Supposons qu'on nous eût appris dans notre
enfance que Mercure était un dieu voleur; que
c'était un mystère inconcevable, parce qu'il n'appartenait pas aux hommes de juger des choses
surnaturelles, ni même de beaucoup de choses
naturelles; qu'on nous eût assuré que cette doctrine avait été confirmée par des prodiges, et
que nous risquions de tout perdre si nous re-
fusions de la croire : quel parti aurions-nous
pu prendre? Aurions-nous résisté à l'autorité
de tout un peuple, à celle du gouvernement,
au témoignage successif de plusieurs siècles et
à l'instruction de nos pères? Pour moi, je l'a-
voue à ma honte, l'expérience de ma propre
faiblesse m'aurait déterminé à me soumettre à
l'erreur d'autrui. J'aurais cru des dieux ridicules plutôt que de ne croire point de dieu. La
vérité ne peut-elle nous parler quelquefois par
l'imagination ou par le cœur autant que par
la raison? Auquel faut-il plus se fier, de l'esprit ou du sentiment? quel nous a donné plus

d'erreurs ou plus découvert de lumières? Le premier qui s'est fait des dieux avait l'imagination plus grande et plus hardie que ceux qui les ont rejetés! Quelle est l'invention de l'esprit qui égale en sublimité cette inspiration du génie?

Qu'on ait donc adopté de grandes fables dans des siècles pleins d'ignorance; que ce qu'un génie audacieux faisait imaginer aux ames fortes, l'intérêt, le temps et la crainte l'aient enfin persuadé aux autres hommes; qu'ils aient cru l'impossibilité des antipodes, ou telle autre opinion que l'on reçoit sans examen, et qu'on n'a pas même les moyens d'examiner, cela ne m'étonne en aucune manière. Mais que tous les jours, sur les choses qui nous sont les plus familières et que nous avons le plus examinées, nous prenions cependant le change de tant de manières; que nous ne puissions même avoir une heure de conversation sans nous tromper ou nous contredire, voilà à quoi je reconnais la petitesse de l'esprit humain.

Je cherche quelquefois parmi le peuple l'image de ces mœurs sans politesse, qui nous surprennent aussi beaucoup dans les anciens. J'écoute ces hommes grossiers; je vois qu'ils s'entretiennent de choses communes, qu'ils n'ont point de principes réfléchis, que leur esprit est véritablement barbare comme celui des premiers hommes, c'est-à-dire tout-à-fait inculte. Mais je ne trouve pas que leur grossièreté leur fasse faire de plus faux raisonnemens qu'aux gens du monde ; je vois au contraire que leurs pensées sont plus naturelles, et qu'il s'en faut de beaucoup que les simplicités de l'ignorance soient aussi éloignées de la vérité que les subtilités de la science et l'imposture de l'affectation.

Ainsi jugeant des mœurs anciennes par ce que je vois des mœurs du peuple qui me représente les premiers temps, je crois que je me serais fort accommodé de vivre à Thèbes, à Memphis et à Babylone. Je me serais passé de nos manufactures, de la poudre à canon, de la boussole et de nos autres inventions modernes, ainsi que de notre philosophie. Je ne pense pas que ces peuples, privés d'une partie de nos arts et des superfluités de notre commerce, aient été par là plus à plaindre. Xénophon n'a jamais joui de nos délicatesses, et il ne m'en paraît ni moins heureux, ni moins honnête homme, ni moins grand homme. Que dirai-je encore ? J'estime, je révère, comme je dois, le bonheur d'être né chrétien et catholique ; mais s'il me fallait être quaker ou mono-

thélite, j'aimerais presque autant le culte des
Chinois ou celui des anciens Romains.

Si la barbarie consistait uniquement dans l'i-
gnorance, certainement les nations les plus po-
lies de l'antiquité seraient extrêmement barbares vis-à-vis de nous. Mais si la corruption
de l'art, si l'abus des règles, si les conséquences
mal tirées des bons principes, si les fausses ap-
plications, si l'incertitude des opinions, si l'affectation, si la vanité, si les mœurs frivoles ne
méritent pas moins ce nom que l'ignorance,
qu'est-ce alors que la politesse dont nous nous
vantons ?

Ce n'est pas la pure nature qui est barbare ;
c'est tout ce qui s'éloigne trop de la belle nature et de la raison. Les cabanes des premiers
hommes ne prouvent pas qu'ils manquassent de
goût ; elles témoignent seulement qu'ils man-
quaient des règles de l'architecture. Mais quand
on eut connu ces belles règles, et qu'au lieu de
les suivre exactement on voulut enchérir sur
leur noblesse, charger d'ornemens superflus les
bâtimens, et à force d'art faire disparaître la
simplicité ; alors ce fut à mon sens une véritable barbarie et la preuve du mauvais goût.
Suivant ces principes les dieux et les héros
d'Homère, peints naïvement par le poète d'après

les hommes de son siècle, ne font pas que l'Iliade soit un poème barbare ; car elle est un tableau très-passionné, sinon de la belle nature, du moins de la nature. Mais un ouvrage véritablement barbare, c'est un poème où l'on n'aperçoit que de l'art, où le vrai ne règne jamais dans les expressions et les images, où les sentimens sont guindés, où les ornemens sont inutiles et hors de leur place.

Fatigué quelquefois de l'artifice qui domine aujourd'hui dans tous les genres, rebuté de traits, de saillies, de plaisanteries et de tout cet esprit que l'on veut mettre dans les moindres choses, je dis en moi-même, si je pouvais trouver un homme qui n'eût point d'esprit, et avec lequel il n'en fallût point avoir, un homme ingénu et modeste, qui parlât seulement pour se faire entendre et pour exprimer les sentimens de son cœur, un homme qui n'eût que de la raison et un peu de naturel, avec quelle ardeur je courrais me délasser dans son entretien du jargon et des épigrammes du reste des hommes. Comment se fait-il que l'on perde le goût de la simplicité jusqu'à ne pas s'apercevoir qu'on l'a perdu ? Il n'y a ni vertus ni plaisirs qui n'empruntent d'elle des charmes et leurs grâces les plus touchantes. Est-il rien de grand ou d'aimable quand on s'en écarte? Du moment qu'on la méconnaît, la grandeur n'est-elle pas fausse, l'esprit méprisable, la raison trompeuse, et tous les défauts plus hideux?

Mais, me dira-t-on, croyez-vous que les temps les plus reculés aient été tout-à-fait exempts d'affectation? Non; je suis bien loin de le croire. Les hommes ont aimé l'art dans tous les temps; leur esprit s'est toujours flatté de perfectionner la nature : c'est la première prétention de la raison et la plus ancienne chimère de la vanité. J'avoue donc qu'il n'y a jamais eu de peuple et de siècle sans fard; je vais bien plus loin : je prédis que tant que les hommes naîtront avec peu d'esprit et beaucoup d'envie d'en avoir, ils ne pourront jamais s'arrêter dans leur sphère et dans les bornes trop étroites de leur naturel. Que vous dis-je donc ? que le monde n'a jamais été aussi simple que nous le peignons, mais qu'il me paraît que ce siècle l'est encore beaucoup moins que tous les autres, parce qu'étant plus riche des dons de l'esprit, il semble lui appartenir au même titre d'être plus vain et plus ambitieux.

Avouez du moins, poursuit-on, que la politesse a rendu nos mœurs moins féroces. Oui, en apparence, au dehors; mais dans l'intérieur

point du tout. On l'a dit peut-être avant moi,
mais on ne peut trop le redire. La politesse qui
adoucit l'esprit, endurcit presque toujours le
cœur, parce qu'elle établit parmi les hommes
le règne de l'art, qui affaiblit tous les sentimens
de la nature. Aussi ne connais-je guère d'ancien
peuple qui nous cède en humanité, ni même
en aucune vertu qui dépende du sentiment. C'est
de ce côté-là, je crois, qu'on peut bien dire qu'il
est presque impossible aux hommes de s'élever
au-dessus de l'instinct de la nature. Elle a fait
nos ames aussi grandes qu'elles peuvent le devenir, et la hauteur qu'elles empruntent de la
réflexion, est ordinairement d'autant plus fausse
qu'elle est plus guindée.

Et parce que le goût tient essentiellement au
sentiment, je vois qu'on perfectionne en vain
nos connaissances; *on instruit notre jugement,
on n'élève point notre goût.* Qu'on joue *Pour-
ceaugnac* (1) à la Comédie, ou toute autre farce
un peu comique, elle n'y attirera pas moins de
monde qu'*Andromaque* (2); qu'il y ait des pan-
tomimes supportables à la Foire, ils feront dé-
serter la Comédie. J'ai vu tous les spectateurs
monter sur les bancs pour voir battre deux po-

(1) Comédie de Molière.
(2) Tragédie de Racine.

lissons ; on ne perd pas un geste d'Arlequin, et
Pierrot fait rire ce siècle savant qui se pique de
tant de politesse. Et la raison de cela est que la
nature n'a point fait les hommes philosophes ;
leur tempérament les domine, leur goût ne peut
suivre les progrès de leur raison. Ils savent admirer les grandes choses ; mais ils sont idolâtres
des petites.

Aussi quand quelqu'un vient me dire, croyez-
vous que les Anglais, qui ont tant d'esprit, s'ac-
commodassent des tragédies de Shakespeare si
elles étaient aussi monstrueuses qu'elles nous paraissent, je ne suis point la dupe de cette objec-
tion. Je sais trop qu'un siècle poli peut aimer
de grandes sottises, surtout quand elles sont accompagnées de beautés sublimes, qui servent de
prétexte au mauvais goût.

Détrompons-nous donc de cette grande supériorité que nous nous accordons sur tous les
siècles ; défions-nous même de cette politesse
prétendue de nos usages : il n'y a guère eu de
peuple si barbare qui n'ait eu la même prétention. Croyons-nous, par exemple, que nos pères
aient regardé le duel comme une coutume barbare? bien loin de là. Ils pensaient qu'un combat
où l'on pouvait s'arracher la vie d'un seul coup,
aurait certainement plus de noblesse qu'une vile

lutte où l'on ne pourrait tout au plus que *s'é-gratigner le visage et s'arracher les cheveux avec les mains.* Ainsi ils se flattèrent d'avoir mis dans leurs usages plus de hauteur et de bien-séance que les Romains et les Grecs qui se battaient comme leurs esclaves. Ils savaient par expérience qu'un homme ne souffre guère d'injure d'un autre homme que par faiblesse. Donc, concluaient-ils, celui qui ne se venge pas, n'a point de cœur. Ils ne faisaient pas attention que c'était faire un usage pernicieux du courage que de l'employer, d'une manière si cruelle et si violente, à la destruction du genre humain, au péril de sa vie et de sa fortune, et cela pour des bagatelles, pour une parole trop vive, pour un geste fait en colère. Ainsi le sentiment de la vengeance leur était inspiré par la nature; mais l'excès de la vengeance et la nécessité indispensable de la vengeance furent l'ouvrage de la réflexion. Or, combien n'y a-t-il pas encore aujourd'hui d'autres coutumes que nous honorons du nom de politesse, qui ne sont que des sentimens de la nature, poussés par l'opinion au-delà de leurs bornes, contre toutes les lumières de la raison.

En voilà assez; je finis. Je ne veux point décrier la politesse et la science plus qu'il ne convient. Je n'ajouterai qu'un seul mot : c'est que les deux présens du ciel les plus aimables ont précédé l'art : la vertu et le plaisir sont nés avec la nature. Qu'est-ce que le reste ?

LETTRES

INÉDITES

DE VOLTAIRE A VAUVENARGUES.

LETTRES

INÉDITES

DE VOLTAIRE A VAUVENARGUES.[*]

LETTRE I.

Dimanche, 11 février 1743.

Tout ce que vous aimerez, Monsieur, me sera cher et j'aime déjà le sieur de Fléchelles. Vos recommandations sont pour moi les ordres les plus précis. Dès que je serai un peu débarrassé de *Mérope* (1), des imprimeurs, des Goths et Vandales qui persécutent les Lettres, je chercherai mes consolations dans votre charmante

---

[*] Luc de Clapiers, marquis de Vauvenargues, capitaine au régiment du Roi, naquit à Aix en Provence le 6 août 1715, et mourut à Paris le 28 mai 1747. Les lettres que Voltaire lui écrivit de 1743 à 1747, lui étaient adressées à l'hôtel de Tours, rue du Paon, faubourg Saint-Germain, à Paris, où il demeurait depuis qu'il avait été obligé de quitter le service à la suite des infirmités contractées pendant la guerre de 1741. *(Note de M. Roux-Alpheran.)*

(1) Représentée le 20 février 1743. Édit.

société , et votre prose éloquente ranimera ma poésie. J'ai eu le plaisir de dire à M. Amelot (1) tout ce que je pense de vous. Il sait son Démosthènes par cœur, il faudra qu'il sache son Vauvenargues. Comptez à jamais, Monsieur, sur la tendre estime et sur le dévouement de

VOLTAIRE.

LETTRE II.

Jeudi, 5 avril 1743.

AIMABLE créature , beau génie , j'ai lu votre premier manuscrit et j'y ai admiré cette hauteur d'une grande ame qui s'élève si fort au-dessus des petits brillans des Isocrates. Si vous étiez né quelques années plus tôt, mes ouvrages en vaudraient mieux : mais, au moins, sur la fin de ma carrière, vous m'affermissez dans la route que vous suivez. Le grand , le pathétique , le sentiment, voilà mes premiers maîtres ; vous êtes le dernier. Je vais vous lire encore. Je vous remercie tendrement. Vous êtes la plus douce de mes consolations dans les maux qui m'accablent.

VOLTAIRE.

(1) Ministre des affaires étrangères.

LETTRE III.

Ce lundi, 7 mai 1743.

En vous remerciant. Mais vous êtes trop sensible. Vous pardonnez trop aux faux raisonnemens en faveur de quelque éloquence.

*D'où vient que quelque chose est et qu'il ne
se peut pas faire que le rien soit, si ce n'est
parce que l'être vaut mieux que le rien.*

Voilà un franc discours de Platon. Le rien
n'est pas, parce qu'il est contradictoire que le
rien soit; parce qu'on ne peut admettre la contradiction dans les termes. Il s'agit bien *là du
meilleur!* On est toujours dans ces hauteurs à
côté d'un abîme. Je vous embrasse, je vous
aime autant que je vous admire.

VOLTAIRE.

LETTRE IV.

A Versailles, le 7 janvier 1745.

Le dernier ouvrage (1) que vous avez bien
voulu m'envoyer, Monsieur, est une nouvelle

(1) *Réflexions critiques sur quelques Poètes.* Elles se trouvent
dans les diverses éditions des œuvres de Vauvenargues, et dans
la nôtre, t. I, p. 149 *et suiv.* ÉDIT.

preuve de votre grand goût dans un siècle où
tout me semble un peu petit, et où le faux bel-
esprit s'est mis à la place du génie.

Je crois que si on s'est servi du terme d'*instinct* pour caractériser La Fontaine (1), ce mot
instinct signifiait génie. Le caractère de ce bon
homme était si simple, que dans la conversation il n'était guères au-dessus des animaux
qu'il faisait parler; mais comme poète, il avait
un instinct divin, et d'autant plus *instinct* qu'il
n'avait que ce talent. L'abeille est admirable,
mais c'est dans sa ruche; hors de là l'abeille
n'est qu'une mouche.

J'aurais bien des choses à vous dire sur Boileau et sur Molière. Je conviendrais sans doute
que Molière est inégal dans ses vers, mais je ne
conviendrais pas qu'il ait choisi des personnages
et des sujets trop bas. Les ridicules fins et déliés
dont vous parlez ne sont agréables que pour un
petit nombre d'esprits déliés. Il faut au public
des traits plus marqués. De plus, ces ridicules
si délicats ne peuvent guères fournir des personnages de théâtre. Un défaut presque imper-
ceptible n'est guères plaisant. Il faut des ridicules forts, des impertinences dans lesquelles
il entre de la passion, qui soient propres à l'in-

(1) *Voyez* t. Ier, p. 149.

trigue. Il faut un Joueur, un Avare, un Jaloux, etc. Je suis d'autant plus frappé de cette
vérité que je suis occupé actuellement d'une fête
pour le mariage de M. le Dauphin, dans laquelle
il entre une comédie (1), et je m'aperçois plus
que jamais que ce délié, ce fin, ce délicat,
qui font le charme de la conversation, ne con-
viennent guères au théâtre. C'est cette fête qui
m'empêche d'entrer avec vous, Monsieur, dans
un plus long détail et de vous soumettre mes
idées : mais rien ne m'empêche de sentir le
plaisir que me donnent les vôtres.

Je ne prêterai à personne le dernier manuscrit que vous avez eu la bonté de me confier.
Je ne pus refuser le premier à une personne
digne d'en être touchée. La singularité frap-
pante de *cet ouvrage en faisant des admirateurs, a fait nécessairement des indiscrets.* L'ouvrage a couru. Il est tombé entre les mains de
M. de La Bruère (2), qui n'en connaissant pas
l'auteur a voulu, dit-on, en enrichir son Mercure. Ce Monsieur de La Bruère est un homme
de mérite et de goût. Il faudra que vous lui par-

(1) Voltaire fit pour cette fête *la Princesse de Navarre*, co-
médie-ballet en trois actes qui fut représentée à Versailles le 23
février 1745, un mois après le mariage du Dauphin. ÉDIT.

(2) Voyez sur La Bruère la note, t. II, p. 329.

donniez. Il n'aura pas toujours de pareils présens à faire au public. J'ai voulu en arrêter l'impression, mais on m'a dit qu'il n'en était plus temps. Avalez, je vous en prie, ce petit dégoût, si vous haïssez la gloire.

Votre état me touche à mesure que je vois les productions de votre esprit si vrai, si naturel, si facile et quelquefois si sublime. Qu'il serve à vous consoler, comme il servira à me charmer. Conservez-moi une amitié que vous devez à celle que vous m'avez inspirée. Adieu, Monsieur, je vous embrasse tendrement (1).

VOLTAIRE.

LETTRE V.

Ce samedi au soir, 12 mai 1746.

J'AI apporté à Paris, Monsieur, la lettre que je vous avais écrite à Versailles. Elle ne vous en sera que plus tôt rendue. J'y ajoute que la Reine veut vous lire, qu'elle en a l'empressement que vous devez inspirer, et que si vous avez un exemplaire que vous vouliez bien m'envoyer, il lui sera rendu demain matin de votre part. Je ne

---

(1) Vauvenargues a répondu à cette lettre le 21 janvier 1745. *Voyez* la réponse, t. II, p. 329, et par une seconde du 27 du même mois, p. 333. ÉDIT.

doute pas qu'ayant lu l'ouvrage, elle n'ait autant d'envie de connaître l'auteur, que j'en ai d'être honoré de son amitié.

VOLTAIRE.

LETTRE VI.

Versailles, mai 1746.

J'AI usé, mon très-aimable philosophe, de la permission que vous m'avez donnée. J'ai crayonné un des meilleurs livres (1) que nous ayons en notre langue, après l'avoir relu avec un extrême recueillement. J'y ai admiré de nouveau cette belle ame si sublime, si éloquente et si vraie; cette foule d'idées neuves ou rendues d'une manière si hardie, si précise; ces coups de pinceau si fiers et si tendres. Il ne tient qu'à vous de séparer cette profusion de diamans de quelques pierres fausses ou enchâssées d'une manière étrangère à notre langue. Il faut que ce livre soit excellent d'un bout à l'autre. Je vous conjure de faire cet honneur à notre nation et à vous-même, et de rendre ce service à l'esprit humain. Je me

(1) *Introduction à la connaissance de l'esprit humain*, le principal ouvrage de Vauvenargues, imprimé pour la première fois en 1746.

garde bien d'insister sur mes critiques ; je les soumets à votre raison, à votre goût, et j'exclus l'amour-propre de notre tribunal. J'ai la plus grande impatience de vous embrasser. Je vous supplie de dire à notre ami Marmontel qu'il m'envoye sur-le-champ ce qu'il sait bien. Il n'a qu'à l'adresser par la poste chez M. d'Argenson, ministre des affaires étrangères, à Versailles. Il faut deux enveloppes, la première à moi, la dernière à M. d'Argenson.

Adieu, belle ame et beau génie (1).

VOLTAIRE.

LETTRE VII.

Ce samedi, mai 1746.

JE ne sais où trouver M. de Marmontel et son Pilade ; mais je m'adresse au héros de l'amitié pour faire passer jusqu'à eux le chagrin que me cause la petite tribulation arrivée à leurs feuilles, et l'empressement que j'aurai à les servir. Les recherches qu'on a faites par ordre de la Cour chez tous les libraires, au sujet du

(1) *Voyez* la réponse de Vauvenargues sous la date de mai 1746, t. II, p. 344.

libelle de Roy (1), sont cause de ce malheur. On cherchait des poisons et on a saisi de bons remèdes. Voilà le train de ce monde. Ce misérable Roy n'est né que pour faire du mal ; mais je me flatte que cette aventure pourra servir à faire discerner ceux qui méritent la protection du gouvernement, de ceux qui méritent l'indignation du gouvernement et du public. C'est à quoi je vais travailler avec plus de chaleur qu'à mon discours à l'Académie. J'embrasse tendrement celui dont je voudrais avoir les pensées et le style, et dont j'ai les sentimens, et je prie le plus aimable des hommes de m'aimer un peu.

VOLTAIRE.

(1) Le libelle que Voltaire a attribué à Roy, et pour lequel on fit des recherches chez les libraires, est le *Discours prononcé à la porte de l'Académie Française par M. le Directeur à M.* ***, in-4°. de huit pages.

Ce poète Roy (Pierre-Charles), né à Paris en 1683, mort le 23 octobre 1764, est auteur d'une tragédie de *Callirhoé*, d'un grand nombre d'opéras et de ballets, et d'une satire contre l'Académie Française intitulée *le Coche*. Il n'est guère connu aujourd'hui que par une épigramme dans le second vers de laquelle a on laissé jusqu'à présent une faute qui sera corrigée ici ; nous soulignerons le mot. Cette épigramme est la LXXXIXe. dans le t. XII des œuvres de Voltaire imprimées en 1819 pour M. Renouard. La voici :

> Connaissez-vous certain rimeur obscur,
> Sec et guindé, *souvent* froid, toujours dur,

LETTRE VIII.

Mai 1746.

Quoi ! la maladie m'empêche d'aller voir le plus aimable de tous les hommes, et ne m'empêche pas d'aller à Versailles ! Je rougis et je gémis de cette cruelle contradiction, et je ne peux me consoler qu'en me plaignant à vous de moi-même. Vous m'avez laissé des choses admirables dans lesquelles je vois que vous m'aimez. Je vous jure que je vous le rends bien. Je sens combien il est doux d'être aimé d'un génie tel que le vôtre. Je vous supplie, Monsieur, si vous voyez MM. les *Observateurs* (1), de leur dire que je viens de m'apercevoir d'une faute énorme du copiste dans la petite lettre au roi de Prusse.

> Ayant la rage et non l'art de médire,
> Qui ne peut plaire, et peut encor moins nuire,
> Pour ses méfaits dans la geôle encagé,
> A Saint-Lazare après ce fustigé,
> Chassé, battu, détesté pour ses crimes,
> Honni, berné, conspué pour ses rimes,
> Cocu, content, parlant toujours de soi?
> Chacun s'écrie : « Eh! c'est le poète Roi ! »

ÉDIT.

(1) Voltaire désigne ici *l'Observateur littéraire*, journal qui parut en 1746, et dont les auteurs étaient Marmontel et Bauvin. En y imprimant la lettre de Voltaire au roi de Prusse (du 25 ou

Comme un carré long est une contradiction.

Il faut : *Comme un carré plus long que large est une contradiction.*

Adieu. Que j'ai de choses à vous dire et à entendre ! (1)

VOLTAIRE.

LETTRE IX.

Paris, samedi, 26 mai 1746.

Nos amis, Monsieur, peuvent continuer leurs feuilles. M. de Boze (2) fermera les yeux, mais il faut les fermer aussi avec lui, et ignorer qu'il veut ignorer cette contrebande de journal. Le chevalier de Quinsonas (3) a abandonné son *Specta-teur*. Il ne s'agit plus pour les Observateurs que de trouver un libraire accommodant et honnête

---

26 janvier 1738), on y avait fait la faute que Voltaire relève, et que jusqu'à ce jour aucun des éditeurs de Voltaire et de Marmontel n'ont corrigée. (*Cette note est de M. Beuchot.*)

(1) Voyez la réponse de Vauvenargues, t. II, p. 344. ÉDIT.

(2) *De Boze* (Claude Le Gros), inspecteur de la librairie en 1745, pendant la maladie de Maboul; né le 28 janvier 1680, mourut le 10 septembre 1753. ÉDIT.

(3) *Le chevalier de Quinsonas.* Dans cette lettre, imprimée à quelques exemplaires par M. Roux-Alpheran, le compositeur a mis *le cher de Quinsonas* : c'est une faute; on a pris le mot abrégé *chev.* pour le mot *cher.* Quinsonas, auteur du *Spectateur,* était chevalier de Malte. ÉDIT.

homme, ce qui est plus difficile que de faire un bon journal. Qu'ils se conduisent avec prudence et tout ira bien. Je vous attends à deux heures et demie.

VOLTAIRE.

LETTRE X.

Ce lundi, 28 mai 1746.

J'AI peur d'être né dans le temps de la décadence des lettres et du goût ; mais vous êtes venu empêcher la prescription, et vous me tiendrez lieu du siècle qui me manque. Bonjour, homme aimable et homme de génie. Vous me ranimez et je vous en ai bien de l'obligation. Je vous soumettrai mes sentimens et mes ouvrages. Votre société m'est aussi chère que votre goût m'est précieux.

VOLTAIRE.

LETTRE XI.

Mai 1746.

LA plupart de vos pensées me paraissent dignes de votre ame et du petit nombre d'hommes de goût et de génie qui restent encore dans Paris, et qui méritent de vous lire. Mais plus j'admire cet esprit de profondeur et de sentiment qui domine en vous, plus je suis affligé que vous me refusiez vos lumières. Vous avez lu superficiellement une tragédie (1) pleine de fautes de copiste, sans daigner même vous informer de ce qui pouvait être à la place de vingt sottises inintelligibles qui étaient dans le manuscrit. Vous ne m'avez fait aucune critique. J'en suis d'autant plus fâché contre vous, que je le suis contre moi-même, et que je crains d'avoir fait un ouvrage indigne d'être jugé par vous. Cependant je méritais vos avis, et par le cas infini que j'en fais, et par mon amour pour la vérité, et par une envie de me corriger qui ne craint jamais le travail, et enfin par ma tendre amitié pour vous (2).

VOLTAIRE.

(1) *Sémiramis*, représentée deux ans plus tard, le 29 septembre 1748. ÉDIT.

(2) *Voyez* la réponse de Vauvenargues, t. II, p. 345. ÉDIT.

LETTRE XII.

Mai 1746.

Je vais lire vos portraits (1). Si jamais je veux faire celui du génie le plus naturel, de l'homme du plus grand goût, de l'ame la plus haute et la plus simple, je mettrai votre nom au bas. Je vous embrasse tendrement.

VOLTAIRE.

(1) Ce sont ceux qui se trouvent dans ce volume ; le manuscrit est chargé de corrections faites de la main de Voltaire, et respectées par l'auteur. ÉDIT.

FIN.

TABLE

DES

MATIÈRES CONTENUES DANS CE VOLUME.

———

DIALOGUES.

RÉFLEXIONS SUR DIVERS SUJETS.

CARACTÈRES.

VARIANTES.

FIN DE LA TABLE DES MATIÈRES.

TABLE ALPHABÉTIQUE

DES MATIÈRES

CONTENUES DANS CET OUVRAGE.

A.

Avare (l') ; ce caractère convient au théâtre , 285.

Avarice (l') , ne s'assouvit pas par les richesses , 215 , *max.*
120.

B.

Bacchus , comparé à Alexandre , 194 , *max.* 39.

Barbare ; la pure nature ne l'est pas , 271.

Barbarie (la), ne consiste pas uniquement dans l'ignorance , 271.
— Choses auxquelles il faut appliquer ce nom , *ibid.*

Bataille de Chalampé , 262.

Batylle , ou l'auteur frivole , 139. — Cite Horace et Chaulieu ,
ibid. — Ignore les agrémens qui naissent de la solidité ; 140.

Beauvilliers (le duc de), gouverneur du duc de Bourgogne , fils
du *grand Dauphin* , 7.

Bélier (le), conte d'Hamilton ; goût de la nation française pour
les ouvrages de ce genre , 62.

Bernini ou Bernin (Jean-Laurent), peintre, sculpteur et architecte , né à Naples en 1598 , cité , 215 , *max.* 118.

Beuchot (M.) , homme de lettres ; sa note sur un écrit du poète
Roy , 290.

Biens , nous ne renonçons pas à ceux que nous nous sentons capables d'acquérir , 228 , *max.* 185.

Boileau (Nicolas); son dialogue avec Alexandre , 1. — Lui reproche la mort de Clitus , 4. — Rang qu'il assigne à Pascal ,
183 , *max.* 15.

Bonheur (le); mérite-t-il nos regrets ? 215 , *max.* 120.

Bonne chère , ses avantages , 214 , *max.* 113. — Est le premier
lien de la *bonne compagnie* , *ibid.*, *max.* 114. — Ses effets ,
ibid., *max.* 115.

Bornes (les); celles de nos talens sont inébranlables , 249 ,
max. 282.

Bossuet (Jacques Bénigne), évêque de Meaux , a rendu justice
au caractère d'Alexandre , 3. — Son dialogue avec Fénélon , 6.

C.

pouvons être une heure sans nous tromper et nous contredire, 269.

EspérANCE (l'), anime le sage et leurre le présomptueux, 210, *max.* 87. — Fait plus de dupes que l'habileté, 231, *max.* 202.

Esprit (l'), est borné, 100.—Le bel esprit, 135.—Le bon, 136. —Traits de ces caractères, *ibid.* —Présomptueux, 141. — Extrême, 170.—Les esprits subalternes n'ont point d'erreurs en leur privé nom, 182, *max.* 14.—Ses avantages sont fragiles, 215, *max.* 119.—Ne tient pas lieu du savoir, 234, *max.* 219. —Tous ceux qui l'ont conséquent ne l'ont pas juste, 239, *max.* 239.—Juste, faux, étendu, leur définition, 245, *max.* 264.— Effets que produit le plus ou le moins d'esprit, 251, *max.* 291. —Celui d'autrui n'est guère à notre usage, 266.

Estime (l'); comment on l'accorde souvent, 221, *max.* 154.— Nous l'ambitionnerions moins si nous la méritions davantage, 252, *max.* 294.

Euripide, encore poursuivi par l'envie, 57.

Europe (l'); comment Voltaire l'envisage, 224, *max.* 168.

Expression (l'); mérite d'être respectée, 186, *max.* 20. — Marque d'une expression parfaite, 208, *max.* 79.

Extraordinaires (les choses), effacent les choses solides, 219, *max.* 146.

F.

Faiblesse (la); la raison lui est presque inutile, 210, *max.* 91.— Il y en a plus que de raison à être humilié de nos imperfections, 216, *max.* 123.

Familiarité (la); fait beaucoup d'ingrats, 240, *max.* 244.

Faret, écrivain médiocre, à la solde de Richelieu, 67.

Fatuité (la); ce qu'elle fait, 221, *max.* 155.

Fauris-de-Saint-Vincent (M.), devient possesseur d'une partie des manuscrits de Vauvenargues, ii.

Nous ne pouvons résister à celle qui régit notre être, 195, *max.* 42.

FORTIA (M. Agricole de); publia en 1797 la troisième édition des œuvres de Vauvenargues, II.

FORTUNE (la); pourquoi tant d'hommes se plaignent de la leur, 192, *max.* 36. — Moyen de la faire, 213, *max.* 110. — Elle exige des soins, *ibid.*, *max.* 111. — Ne peut presque rien sans la nature, 241, *max.* 246.

FRANÇOIS-DE-NEUFCHATEAU (M.); ses notes sur Pascal, 101.

FRÉDERIC-LE-GRAND, roi de Prusse; nom que lui donne Voltaire, 165.

GALLIFET (M. le comte de); possède le portrait d'un jeune frère du marquis de Vauvenargues, IV.

FROID; ce qui est froid; pensées froides, 207, *max.* 77.

G.

GÉANS, 119.

GÉNÉROSITÉ (la); donne moins de conseils que de secours, 219, *max.* 143.

GÉNIE (le); comment on peut l'élever, 198, *max.* 47. — En quoi il consiste, 209, *max.* 83.

GÉNIES (les grands); pourquoi souvent négligés par ceux qui gouvernent, 193, *max.* 36.

GENS D'ESPRIT; pourquoi ils agissent souvent mal à propos, 177, *max.* 1.

GLANEUR (le); ouvrage de M. Jay, III.

GLOIRE (la); on y peut parvenir par le seul mérite, 214, *max.* 111. — Serait la plus vive de toutes nos passions sans son incertitude, 220, *max.* 152. — Elle remplit le monde de vertus, *ibid.*, 153. — Elle embellit les héros, 246, *max.* 271. — Ce que prouve le desir de la gloire, 251, *max.* 293. — Elle fait des héros, 252, *max.* 297.

GORGIAS, orateur grec, eut Isocrate pour disciple, 13.

éloge de ce livre, 32. — *Histoire des variations*, ouvrage du même auteur, jugement sur cet ouvrage, 33.

HISTORIENS; faute dans laquelle ils tombent tous, 97.

HOMÈRE, est encore poursuivi par l'envie, 57.

HOMMES (les); les grands hommes sont rares dans tous les genres, 65. — Ce qu'il faut entendre par grands hommes, *ibid.* — N'estiment guère que les qualités qu'ils possèdent, 71. — L'ambition des grands hommes fait la grandeur des Etats, 73. — L'homme vertueux dépeint par son génie, 114.— Comment il faut les juger, 115. — Les grands hommes parlent claire-ment, 178, *max.* 6. —Aiment à tout farder, 181, *max.* 10. — Tous leurs ridicules sont des effets de la vanité, *ibid.*, *max.* 11. — Les grands hommes dogmatisent, *ibid.*, *max.* 13. — Les hommes médiocres trouvent peu de choses en eux-mêmes, 191, *max.* 30. —Ne sont pas nés pour aimer les trop grandes choses, 192, *max.* 35. — Manie de quelques uns, 201, 202, *max.* 59. — La plupart naissent sérieux, 203, *max.* 63. — Il en est qui vivent heureux sans le savoir, 217, *max.* 128. —Ceux qui les méprisent ne sont pas de grands hommes, 228, *max.* 188. — Tombés en disgrâce auprès des philo-sophes, 229, *max.* 189. — Tous naissent sincères et meurent trompeurs, 230, *max.* 196. — Sont incapables de concilier toutes leurs idées, 267. — Ne souffrent d'injures que par fai-blesse, 276.

HONNÊTES GENS (les); ceux qui prétendent l'être ne sont pas ceux qui, dans tous les métiers, gagnent le moins, 230, *max.* 198.

HUMANITÉ (l'); c'est y manquer que d'être trop sévère envers les vices de la société, 10. —Elle est la première de toutes les vertus, 211, *max.* 97.

I.

IGNORANCE (l'); ses simplicités sont moins éloignées de la vérité que les subtilités de la science et l'imposture de l'affectation, 270.

J.

L.

M.

MAL; on peut penser mal même de ses amis, 240, *max.* 241.

MARÊTS (Des). *Voy.* DESMARÊTS.

MARMONTEL; Voltaire charge Vauvenargues d'une commission près de lui, 288. — Très-lié avec Vauvenargues, *ibid.* — Recherches que l'on fait contre lui au sujet d'une libelle de Roy, 289.

MASQUES (les), donnent l'idée du monde, 232, *max.* 209.

MARIUS; Sylla lui compare César, 115.

MAROT (Clément); épître de J. B. Rousseau à lui, 139.

MAUX (les); on pardonne aisément ceux qui sont passés, 235, *max.* 227.

MAXIMES; les bonnes sont sujettes à devenir triviales, 208, *max.* 82. — Tous les temps ne permettent pas de suivre les bonnes, 210, *max.* 93.

MAZARIN (Jules), cardinal, ministre; sa naissance, sa mort, 69. — Son dialogue avec Richelieu, *ibid.* — Son portrait par Voltaire, 72.

MÉDECINS (les), comparés aux moralistes, 243, *max.* 256.

MÉDIOCRITÉ (la); rien de grand ne la comporte, 227, *max.* 181.

MENTEUR; qui ne l'est pas, 230, *max.* 195.

MENTIR; celui qui a besoin d'un motif pour mentir, n'est pas né menteur, 230, *max.* 195.

MERCURE (le), journal rédigé en 1745 par La Bruère, 285.

MÉRITE (le), inspire du respect, 52. — Donne la réputation, 212, *max.* 105. — On peut aller à la gloire par lui seul, 214, *max.* 111.

MÉROPE, tragédie de Voltaire; époque de sa représentation, 281.

MÉTIERS; ceux qu'il est difficile de faire sans intérêt, 230, *max.* 197.

MIDAS, ou le sot qui est glorieux; traits de ce caractère, 164.

MILTON, auteur du *Paradis Perdu*; la beauté de ses ouvrages est indépendante du vice ordinaire de ses plans, 111.

N.

Nul; on ne le peut être absolument, ni pour le vice ni pour la vertu, 247, *max.* 276.

O.

Obscur; l'auteur d'un livre que l'on trouve obscur, ne doit pas le défendre, 179, *max.* 8.

Ode (l'); ce genre n'a pas atteint sa perfection, 105. — De celles de Pindare, d'Horace et de Rousseau, *ibid.* — Ce que doit être l'ode, *ibid.*

Officieux (l') par vanité. *Voyez* Ergaste.

Olivarès (Gaspard de Guzman, comte d'), duc de Sanlucar; de sa conduite politique, 38. — Comparé à Néron, *ibid.* — Mot qui décèle son caractère, *ibid.*

Opinion (l'); rien ne lui suffit, 188, *max.* 24. — Gouverne les faibles, 191, *max.* 33.

Opprobre (l'), est une loi de la pauvreté, 199, *max.* 51.

Opulence (l'); ses effets, 216, *max.* 127.

Oracle, peuple qui consulte un oracle pour s'empêcher de rire, 207, *max.* 74.

Oracles (l'histoire des); excellence de cet ouvrage de Fontenelle, 104.

Oraisons; grandeur des caractères peints dans les *Oraisons funèbres* de Bossuet, 121.

Orateurs; effet que produisent les mauvais orateurs, 14. — Laissent leurs auditeurs dans la plus profonde indifférence, 15. — Qualités indispensables à un bon orateur, 17. — Il y en a peu; beaucoup d'hommes se piquent de l'être, *ibid.* — Qualités que Démosthènes exige dans un orateur, 23.

Originaux; ouvrages qui le paraissent, 209, *max.* 82.

Origine des Fables (traité de l'); ouvrage de Fontenelle, 104.

Ouvrages de goût; comment il les faut juger, 194, *max.* 40.

Oxenstiern (Axel), grand chancelier de Suède; de sa conduite politique, 38. — Sa mort, *ibid.*

P.

PAIX (la); ses effets, 211, *max.* 100. — Ce que nous appelons de ce nom, 223, *max.* 167.

PALISSOT, ne critique point les vers de la première scène du second acte de *Rodogune*, 135.

PANÉGYRISTES (les); s'ils sont ennuyeux, c'est de leur faute, 233, *max.* 218.

PARESSEUX (le); traits de ce caractère, 144.

PARTI; difficulté de venir à la tête d'un parti formé, 218, *max.* 135. — Celui qu'il est facile de détruire, *ibid.* 136.

PASCAL (Blaise), solitaire de Port-Royal, auteur des *Pensées et des Provinciales;* son dialogue avec Fénélon, 29. — Maximes de cet auteur, 101. — Jugement sur ses ouvrages, 107. — Comparé à Démosthènes; Boileau l'égale aux anciens, 183, *max.* 15. — L'un des quatre plus grands génies du siècle de Louis XIV, *ibid.*, *max.* 16.

PASSIONS (les); celles qui ne sont pas du ressort de l'esprit; comment il faut les juger, 194, *max.* 40. — Sont autant de chemins pour arriver aux honneurs, 218, *max.* 133.

PASSIONS (les); celles d'un grand orateur doivent être véhémentes, 17.

PATRU (Olivier); surnommé le *Quintilien Français;* note sur cet auteur, 166.

PAUVRETÉ (la); ne peut avilir les âmes fortes, 241, *max.* 246.

PÉDANT; ce que l'on doit entendre par ce mot, 203, *max.* 61.

PEINTURES; pourquoi les hommes aiment les petites peintures, 204, *max.* 66.

PÉLISSON (Paul); note sur cet auteur, 166.

PELLEGRIN (Simon-Joseph), abbé de Cluni; de son opéra de *Jephté*, mis en musique par Montéclair, 238, *max.* 238.

PÉNÉTRATION (la); sa différence d'avec le jugement, 178, *max.* 5.

PENSÉES (les); combien peu il y en a d'exactes, 225, *max.* 175.

T.

FIN DE LA TABLE ALPHABÉTIQUE.

Volumes empruntés
à la Bibliothèque du Lou~
avant l'incendie de 1871.

Œuvres de Vauvenargues
  Brière libraire 1827   3 v
Mémoires du Prince Eugène
  de Savoie Weimar 1809   1 vo

                        4 volu